Pesquisa:
SIDNEY OLIVEIRA

Compilação de dados
SIDNEY OLIVEIRA

Edição:
SIDNEY OLIVEIRA

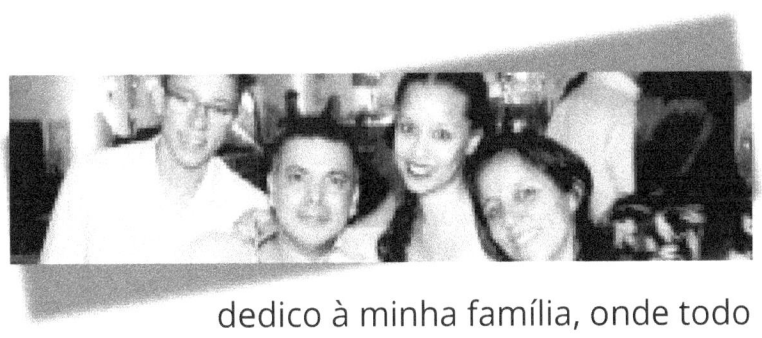

dedico à minha família, onde todo mundo é gamer!

Responda rápido:
Pra você, qual é o melhor games de todos os tempos?

Muito difícil de responder, não é mesmo?! Eu, por exemplo, poderia citar vários.

River Raid, do saudoso Atari. **Ninja Gaiden II**, do Nintendinho. **Super Mario World**, do SNES. **Gex**, do 3DO. **Silent Hill**, do PS1. Final Fantasy X, do PS2. **Gears of War**, do XBox. **Red Dead Redemption**, do PS3. The Last of Us, do PS4. **Ghost of Tsushima**, do PS5.

Meu Deus do céu! São tantos! Isso porque não falei de **Shadow of the Colossus**, **Heavy Rain**, **Halo**, **GTA V**. Esquece, eu não consigo responder essa pergunta.

É muito difícil construir uma lista de melhores jogos da história sem ser imparcial, uma vez que avaliar videogame, além de critérios técnicos, pode envolver também o apego emocional, o que pode acabar enviesando as escolhas.

Para tentar construir uma lista um pouco mais isenta, uma boa ferramenta pode ser agregadores de críticas online, como o *Metacritic*, um portal que compila avaliações de público e crítica especializadas de filmes, programas de TV, música e games.

O site pública a média destas avaliações de público e crítica separadamente, o que em vários casos demonstra bem como nem sempre o sentimento do público é refletido no rigor crítico de jornalistas e outros especialistas da indústria.

Mas, qual é o melhor jogo da história?

De acordo com o *Metacritic*, o melhor jogo da história é um clássico, "**The Legend of Zelda: Ocarina of The Time**", que foi lançado originalmente para Nintendo 64 e que completou 25 anos recentemente. O game é o mais bem avaliado do portal com uma avaliação de público de 9,1 e da crítica especializada de 99.

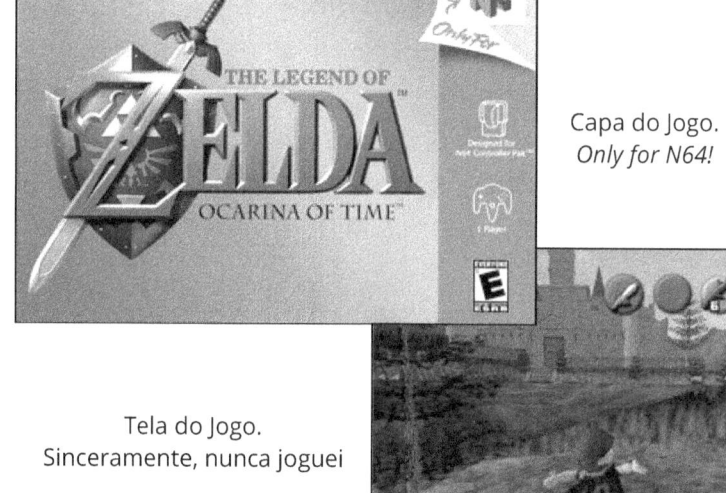

Capa do Jogo.
Only for N64!

Tela do Jogo.
Sinceramente, nunca joguei

O título revolucionário surgiu em uma época em que os jogos 3D ainda davam seus primeiros passos na indústria e era comum ver mais erros do que acertos dos desenvolvedores.

Além dos visuais, o jogo foi muito elogiado pela narrativa e jogabilidade inovadora que apresentou na época.

Na segunda posição está "**Tony Hawk's Pro Skater 2**", que contava com a lenda que dá nome ao game e mais doze skatistas talentosos, incluindo o carioca Bob Burnquist.

Além de uma jogabilidade muito avançada para a época, o título ficou marcado por ter uma trilha sonora inesquecível. O game recebeu um 7,4 dos jogadores e um incrível 98 da crítica especializada.

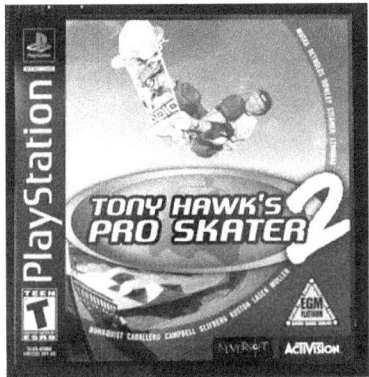
Capa do Jogo.

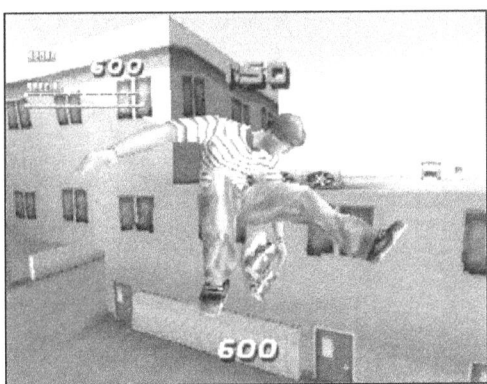
Tela do Jogo.

Outro título que recebeu a mesma nota dos especialistas foi "**GTA 4**", que possui uma temática mais sombria e faz críticas bem explícitas ao capitalismo e ao chamado "estilo de vida americano".

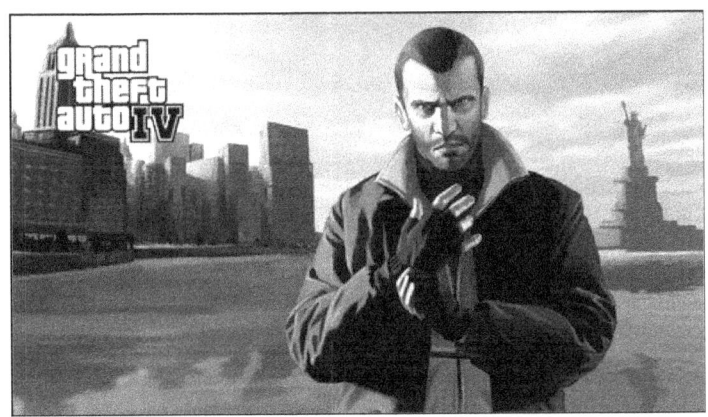

Empatado com o game da Rockstar e "TNPS 2" está "**Soul Calibur**", um dos mais cultuados entre os fãs de jogos de luta. O game ficou famoso por, além de possuir visuais bastante avançados para a época e possuir um sistema de combate bem desenvolvido, o que continuou sendo uma marca repetida nos jogos seguintes da franquia.

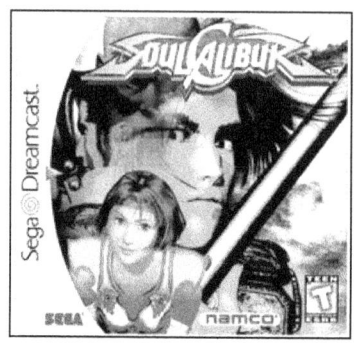

Capa do Jogo, versão Dreamcast

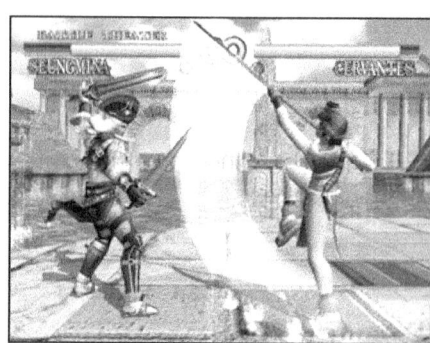

Tela do Jogo.

Com 9,0 de público e 97 da crítica, "**Super Mario Galaxy**" ocupa a 5ª posição entre os melhores avaliados do Metacritic, e se tornou um dos principais símbolos do Nintendo Wii, já que incorporava praticamente todas as possibilidades do console da "Big N".

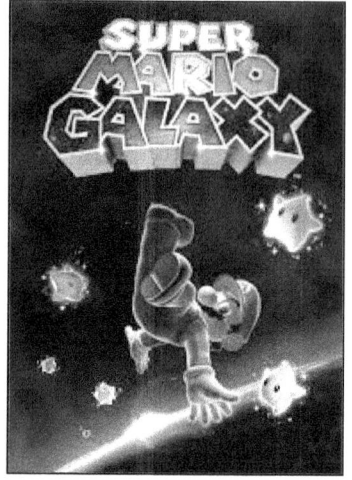

Expandindo o universo apresentado no antecessor, "**Super Mario Galaxy 2**" está na sexta posição. A sequência consegue repetir o sucesso do primeiro jogo e trazer algumas novidades que foram bem recebidas pelo público.

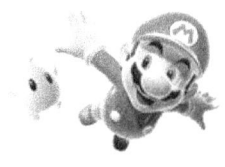

"**Red Dead Redemption 2**" vem na 7ª colocação e é uma dos principais responsáveis pela ótima reputação da Rockstar Games na indústria dos jogos. O jogo de que se passa no "velho oeste", além de ter gráficos impressionantes e jogabilidade intuitiva, conta com um excelente arco narrativo. O game tem avaliação de 7,7 do público e 97 dos críticos.

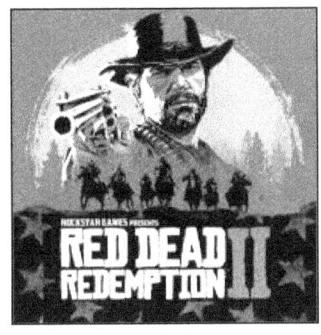
Capa do Jogo.

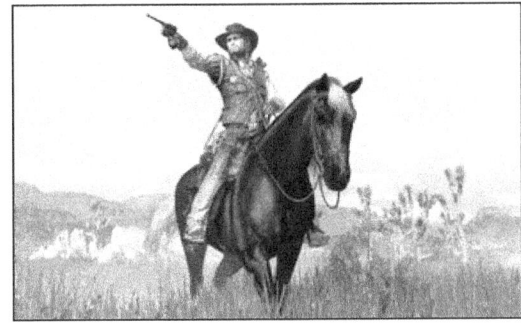
Tela do Jogo.

Na posição seguinte está "**The Legend of Zelda: Breath of the Wild**", um dos jogos mais bem sucedidos do Nintendo Switch. O game tem visuais impressionantes, um vasto mundo aberto a ser explorado e uma narrativa muito bem amarrada, o que lhe rendeu o prêmio de jogo do ano em 2017.

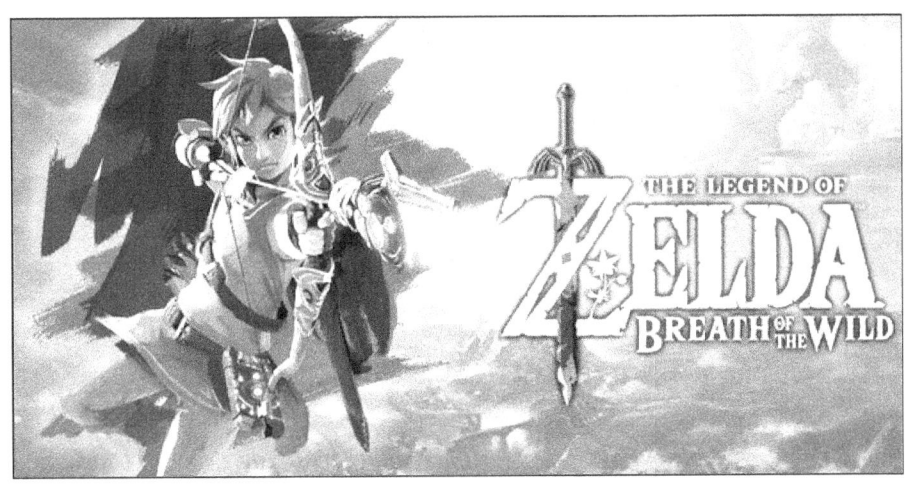

Fechando o top 10, também com 97 de média de avaliações da crítica especializada, estão "**Perfect Dark**" e "**Metroid Prime**", dois títulos muito cultuados entre a comunidade gamer.

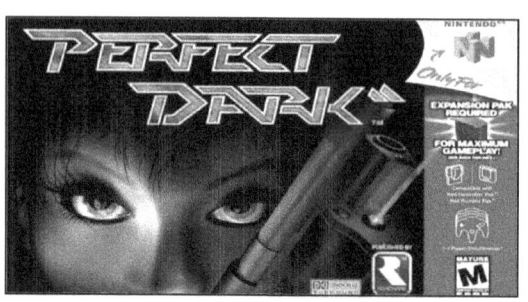

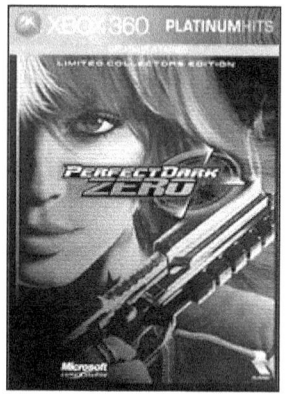

Originalmente lançado para o Nintendo 64, teve sua versão também para XBOX 360.

"**Perfect Dark**" é uma aventura sombria que deve agradar bastante aos jogadores que apreciam uma boa narrativa.

Já "**Metroid Prime**" coloca os jogadores na pele de Samus Aran, uma caçadora de recompensas que precisa resolver enigmas e enfrentar vários inimigos em galáxias bem distantes.

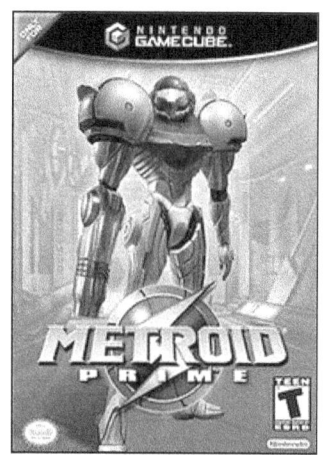

Ao contrário de seus predecessores, "Metroid Prime" não foi feito para ser terminado rapidamente, no final, o que conta mesmo é a percentagem de itens obtidos. Uma pessoa que sabe precisamente onde ir, ainda leva diversas horas para terminar o jogo; porém, o atual recorde mundial é de **1 hora e 4 minutos**.

E aí, o que achou desse top 10?

Particularmente, percebi um certo saudosismo na lista. Games dos anos 90 e 2000, indicam que (na minha opinião) o questionário foi preenchido, em sua maioria, por adultos. Daí, games como Zelda e THPS figurando no topo da lista.

Na próxima fase, disponibilizo a relação completa dos 50 melhores games de todos os tempos, segundo o *Metacritic* (é claro!)

01 - The Legend of Zelda: Ocarina of Time
02 - Tony Hawk's Pro Skater 2
03 - Grand Theft Auto IV
04 - Soul Calibur
05 - Super Mario Galaxy
06 - Super Mario Galaxy 2
07 - Red Dead Redemption 2
08 - The Legend of Zelda: Breath of the Wild
09 - Perfect Dark
10 - Metroid Prime
11 - Grand Theft Auto V
12 - Grand Theft Auto III
13 - Tony Hawk's Pro Skater 3
14 - Halo: Combat Evolved
15 - Half-Life 2
16 - GoldenEye 007
17 - Uncharted 2: Among Thieves
18 - Resident Evil 4
19 - Super Mario Odyssey
20 - Spider-Man 2

21 - Bioshock
22 - NFL 2K1
23 - Batman: Arkham City
24 - Tekken 3
25 - Mass Effect 2
26 - The Legend of Zelda: Twilight Princess
27 - Half-Life
28 - The Legend of Zelda: The Wind Waker
29 - The Orange Box
30 - Grand Theft Auto: San Andreas
31 - Gran Turismo 3: A-Spec
32 - Halo 2
33 - The Legend of Zelda: Majora's Mask
34 - The Last of Us
35 - Madden NFL 2003
36 - Portal 2
37 - Metal Gear Solid V: The Phantom Pain
38 - Final Fantasy IX
39 - Call of Duty: Modern Warfare 2
40 - The Elder Scrolls V: Skyrim
41 - Gran Turismo
42 - Metal Gear Solid 2: Sons of Liberty
43 - Baldur's Gate II: Shadows of Amn
44 - LittleBigPlanet
45 - Red Dead Redemption
46 - Grand Theft Auto: Vice City
47 - The Legend of Zelda: Collector's Edition
48 - The Legend of Zelda: A Link to the Past
49 - Persona 5 Royal
50 - World of Goo

Obviamente, não joguei todos esses jogos. **World of Goo**, por exemplo, nunca ouvi falar até esse momento.

Senti falta de **FallOut - New Vegas** e, com certeza, meu amigo Claudinei sentiu a falta de **Final Fantasy VII**.

Acredito que o pessoal não estava muito inspirado no momento das respostas. Cadê o **God of War**? Cadê o **Indigo Prophecy**? Cadê o **Megamania**???

Ah, *Metacritic*!

Na próxima seção, um pouco da história do TOP 10 dessa controversa lista da Metacritic.

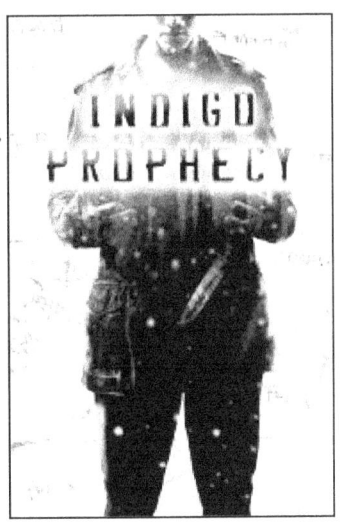

Aperta o start!

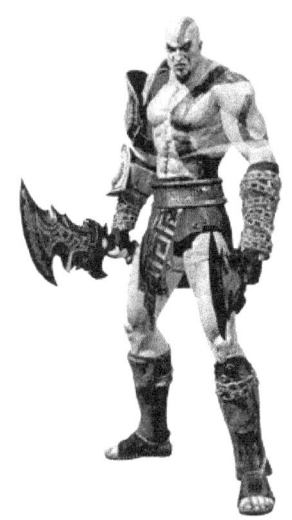

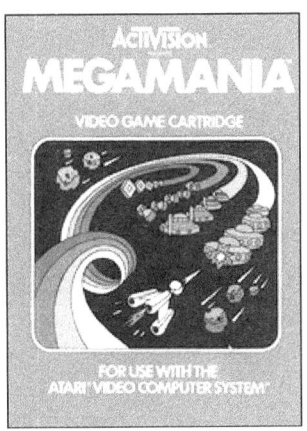

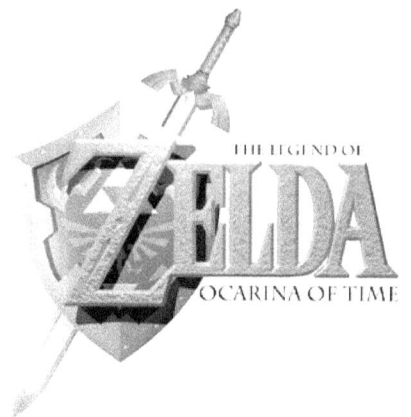

Sábado, 21 de novembro de 1998. Essa data poderia ser um dia qualquer na história da indústria dos games, não fosse por um detalhe: esse foi o momento que a Nintendo escolheu para lançar **The Legend of Zelda: Ocarina of Time.**

Afinal, porque Zelda Ocarina of Time é considerado um dos melhores jogos já feitos? Relembre o clássico da Nintendo.

Em 1998, diversas franquias de sucesso já haviam migrado para o campo dos cenários tridimensionais, sendo Final Fantasy VII uma das maiores referências nessa época. Era o momento de o mesmo acontecer com The Legend of Zelda.

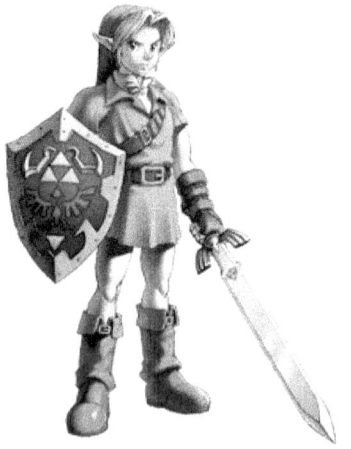

A Nintendo tinha um time grande atuando em Ocarina of Time. Sob a supervisão de *Shigeru Miyamoto*, o game contou ainda com os esforços de *Eiji Aonuma*, que se tornaria o futuro diretor da franquia, e mais de 100 pessoas para entregar uma das aventuras mais memoráveis de Link.

Tal como no game para Super Nintendo, a aventura ainda estava dividida em dois blocos, mas com um adicional aqui: sistema de passagem de tempo.

A primeira parte da aventura, por exemplo, é totalmente focada no controle de Link criança, cenário que muda pouco antes da metade da jornada.

Após um ciclo de sete anos, o protagonista se encontra em uma fase adulta e com um mundo totalmente desolado pelas ações de Ganon. Zelda, a princesa que ele conheceu ainda criança, está sumida, o reino de Hyrule mergulhou em um caos e muitos desafios o aguardam nessa etapa.

Para dar conta de tudo isso, o protagonista virou literalmente um acrobata. Com a abertura para um mundo tridimensional, Link agora pode rolar, saltar, recuar, travar a mira nos inimigos e várias outras mecânicas utilizadas nos games da série até hoje.

Muito disso só foi possível graças ao controle do Nintendo 64, que com um número maior de botões oferecia mais possibilidades para o time de desenvolvimento.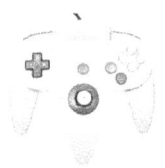

Graças a todo pacote contido no game, The Legend of Zelda: Ocarina of Time vendeu 7,6 milhões de cópias apenas no Nintendo 64.

A crítica especializada também aprovou o trabalho feito pela Nintendo neste game. Com um enredo mais denso e várias novidades no gameplay, o título garantiu nota máxima em várias revistas e sites na época, e o Metacritic é uma prova disso.

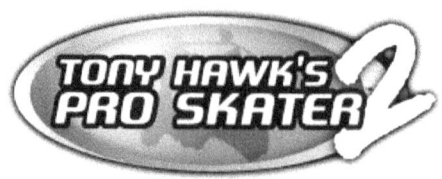

Este é considerado por muitos como um dos melhores games do PS1 e um dos melhores games de skate já feitos na história.

THPS 2 é o segundo jogo da franquia de jogos de skate assinada pelo renomado skatista Tony Hawk. Apresentando poucas diferenças em relação ao jogo anterior, o qual foi lançado menos de um ano antes, em 30 de setembro de 1999.

Devido ao sucesso gerado pelo jogo anterior, que apresentou variedade incrível de manobras e movimentos, realismo inédito, músicas bem selecionadas e vários skatistas profissionais reais adaptados ao jogo para controle do jogador, esperava-se um grande sucesso. E foi mesmo. THPS 2 trouxe tudo o que fez sucesso no jogo anterior, e incrementou mais um pouco, tornando esse game um verdadeiro clássico dos games de esporte, e um padrão bem copiado na época.

O jogo segue o mesmo princípio empregado pelo jogo anterior. Há vários skatistas do qual você pode escolher e jogar. Todos são skatistas profissionais e internacionalmente famosos. Tem o próprio Tony Hawk, claro, acompanhado do brasileiro **Bob Burnquist**, Steve Caballero, Kareem Cambell, Rune Glifberg, Erick Koston, e vários outros.

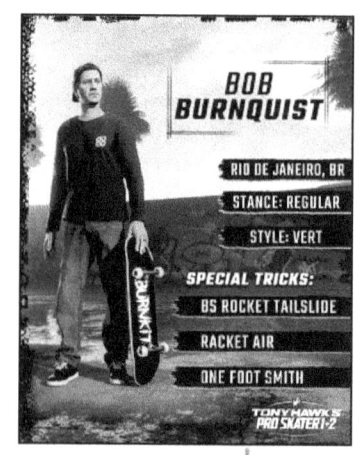

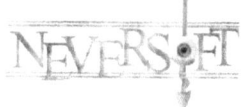

A mecânica do jogo também é a mesma. Você escolhe o skatista e entra em uma fase, e então têm de passar por uma série de objetivos que lhe são impostos.

As pistas são, em sua maioria, localidades urbanas que representam locais impróprios para se andar de skate propriamente falando, como ruas da cidade, pátios de escola, clubes, hangares e outros locais. Ao todo, são 8 pistas, contra 9 do jogo anterior. As pistas são espalhadas pelo mundo. Tem pista em Nova Iorque, na Califórnia, na Filadélfia, em Marselha, no México, enfim. Cada fase é única, e possui seus pontos característicos que o tornam muito mais realistas.

Uma das principais inovações do jogo é o dinheiro. Diferentemente do jogo anterior, agora ganhamos dinheiro ao completar os objetivos das fases. E esse dinheiro pode ser usado em diversas coisas. Além de abrir novas fases, o dinheiro pode ser usado para comprar novos skates, melhores e com maior performance, para comprar manobras melhores e mais intrincadas, ou também para comprar mais pontos de atributo do nosso personagem.

A função multiplayer continua presente. Você pode jogar com um amigo e se divertir em dobro. Os três modos de jogo do jogo anterior retornaram: Trick Attack, Horse e Graffiti

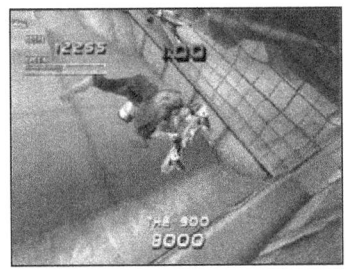

Se você gosta de jogos de esporte, ou, ainda mais especificamente, jogos de skate, THPS2 é obrigatório! Afinal, foi esse jogo que ensinou a todas as outras produtoras como é que se faz um bom jogo de skate.

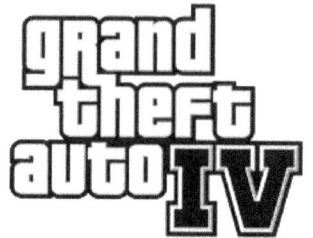

Grand Theft Auto IV é o sexo, drogas e rock and roll dos videogames. Desta vez é um pouco menos corajoso e intimidante, mas também é o jogo mais refinado e polido da história da franquia.

O quarto jogo da franquia Grand Theft Auto, da Rockstar Games, chegou com muita pompa em 2008. Muitas revistas o consideram o melhor jogo já feito do mundo, pelo menos desde Legend of Zelda: Ocarina of Time. Relatos que se referem ao jogo vão da reverência ao delírio.

Cada GTA conta a história de uma pessoa diferente, geralmente a história de um canalha sem-vergonha que possui um passado negro e está disposto a sujar seu nome ainda mais, cometendo crimes inacreditáveis por um motivo fútil qualquer. Não seria diferente com esse.

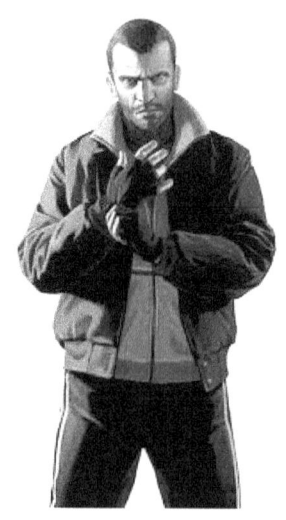

A história desse GTA é sobre Niko Bellic, um europeu do leste que começa o jogo informando que matou gente pra caramba no exército vermelho, da Bósnia, mas que quer mudar de vida e ser uma pessoa decente.

Então, ele vem para onde? Para Liberty City, justamente a cidade mais corrupta, drogada e perigosa do mundo. Niko vai

à procura de seu primo Roman, que dizia a ele por cartas que era rico, possuía carros importados, um excelente emprego e morava em uma mansão com muitas gatas.

Niko vê a situação deplorável de Roman, que deve dinheiro para Vlad, e decide ajudar. Ele poderia ajudar Roman legalmente. Poderia preparar um currículo, procurar um emprego e fazer bicos, coisas assim, de pessoas normais e honestas, mas aí não seria GTA.

Afinal, quando se está em uma cidade movimentada e densa que é uma sátira de Nova Iorque, porque trabalhar legalmente e ganhar 500 dólares por mês se podemos trabalhar para a máfia e ganhar 500 dólares por missão? E isso no começo! Futuramente, Niko passa a ganhar até 500.000 dólares por uma única missão. Bem melhor ser fora-da-lei, não é mesmo?

Enfim, a trajetória triste de Niko Bellic em busca de se dar bem na vida e cometer sua vingaça é algo digno de um bom filme. Vale a pena conferir essa obra-prima do mundo dos games, com uma excelente história e imersão fora de série, jamais antes vista nos videogames.

Seja para completar as missões, seja para jogar multiplayer com os amigos, ou para simplesmente se divertir com os personagens do jogo enquanto navega na internet e ouve as mais de 200 músicas do jogo, GTA IV é simplesmente imperdível.

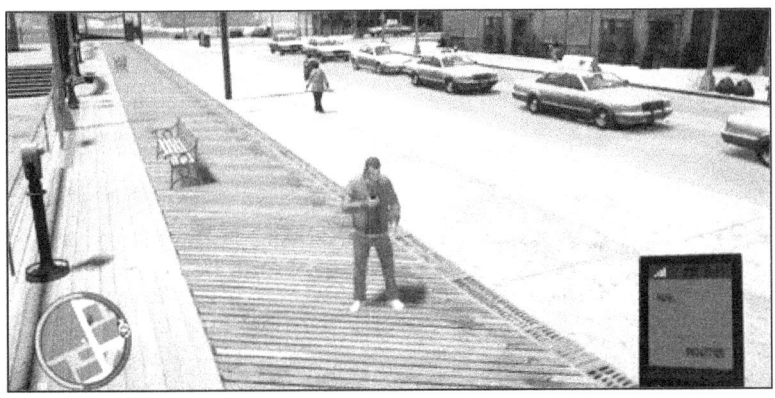

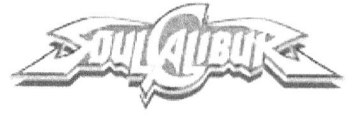

Existem dois períodos para games de luta. Antes e depois de Soul Calibur.

Soulcalibur foi originalmente lançado nos fliperamas em 1998 e portado exclusivamente para o Sega Dreamcast um ano depois, em 1999.

A premissa geral desta série envolve a busca por uma espada lendária que alguns acreditam conceder ao seu usuário poder ilimitado, embora seja na verdade a encarnação física do mal, e cada jogo se concentra em um elenco eclético de personagens em busca do espada por vários motivos conhecidos apenas por eles.

A popularidade de Soulcalibur pode ser atribuída à sua jogabilidade fluente e aos controles suaves e responsivos. É também um dos poucos jogos de luta (e, por extensão, franquias de jogos) que enfatiza o combate 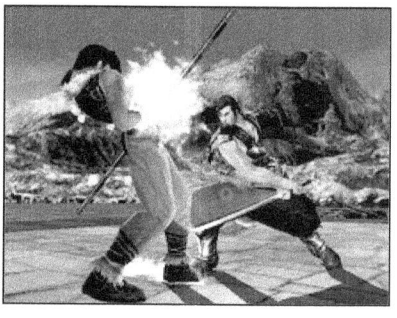 armado em vez da luta corpo a corpo mais convencional vista em jogos desse tipo.

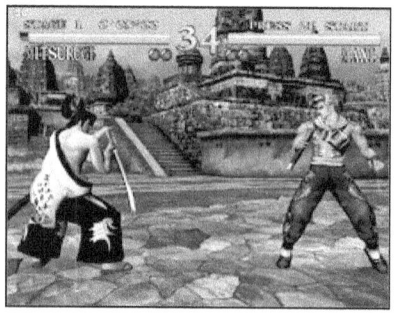

Embora não seja o primeiro jogo de luta a integrar esta mecânica , foi o primeiro jogo a realmente mostrar que os jogos de luta podem se expandir e diversificar

Não houve nenhum campeonato de combate digno de nota, em vez disso, foco na história de cada personagem e na tradição geral, tornando-o um dos poucos jogos de luta com enredo e mitologia reais, em vez de uma sequência de torneios reciclados, com muita frequência- visto (principalmente na mídia japonesa) clichês e situações repetidas.

Ele se baseou nas bases estabelecidas por seu antecessor e expandiu a mitologia de Soul Edge, a tão procurada espada amaldiçoada, além de estender a história e evoluir a tradição geral do universo Soul com a adição de uma espada equivalente que dá o jogo seu título.

Em termos de narrativa e enredo, este é o primeiro jogo da série a introduzir uma "Batalha Destinada" , na qual o personagem do jogador encontrará sua contraparte centrada na história (um aliado ou adversário) no início do penúltimo (segundo). para durar) nível do modo arcade do jogo e combatê-los. Esta foi uma melhoria tão grande em relação ao modo arcade de Soul Edge/Soul Blade que esta mecânica foi integrada em todos os jogos futuros da série, até e incluindo SoulCalibur 5 no PlayStation 3.

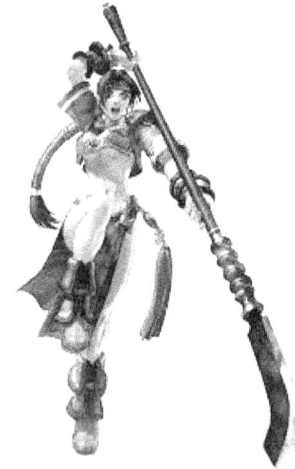

Soul Calibur não é apenas um jogo clássico do Dreamcast, é uma joia em um baú de tesouro - este é um dos melhores jogos de luta da história, atmosfera e enredo em uma época em que a tradição dos videogames era considerada secundária. a ação principal.

The Legend Will Never Die

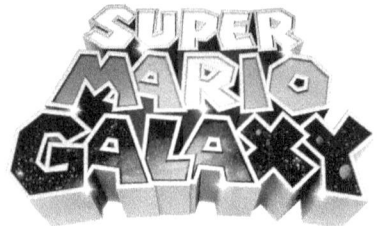

Super Mario Galaxy extrapola os limites de um gênero, quebrando paradigmas e apresentando uma nova maneira de jogar.

Desde que entrou no mercado de games, há mais de 30 anos, a Nintendo vem buscando a perfeição em suas criações. Não é coincidência que, apesar do tradicionalismo, alguns dos melhores jogos de todos os tempos, na opinião de críticos e jogadores, são da companhia de Kyoto, como "The Legend of Zelda: Ocarina of Time". É o famoso selo de qualidade Nintendo, invejado por muitas empresas.

Super Mario Galaxy é um título que traz novas ideias e conceitos para os games, tal como fizeram seus antecessores "Super Mario Bros." (que instaurou a mecânica de rolagem de tela nos jogos em 2D) ou "Super Mario 64" (que inaugurou uma nova maneira de se jogar em 3D).

A cada 100 anos, um cometa sobrevoa o Reino dos Cogumelos, lançando ao ar restos de estrela, ou Star Bits, os quais são coletados pelos Toads em um festival. Naturalmente, Bowser chega para acabar com a festa, levando consigo não apenas a princesa, mas todo seu castelo para o espaço. Na tentativa de salvá-la, Mario e alguns Toads são levados juntos.

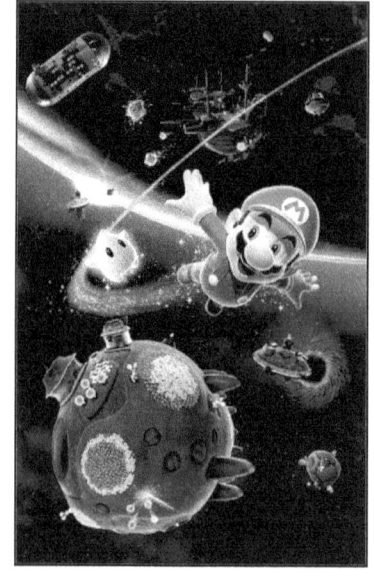

A fórmula funciona exatamente como em "Super Mario 64": você passará pelas mesmas fases mais do que uma vez, porém sempre enfrentando novos desafios e descobrindo novas localidades. Tudo é tão bem equilibrado que você sempre saberá para onde ir e o que fazer, sem que seja obrigado a seguir as fases em uma ordem pré-definida. O avanço no jogo é fluido e acontece naturalmente, sem que o jogador se sinta perdido ou frustrado.

A habilidade nata de Mario continua sendo o pulo e suas variações, porém cada fase permite que o personagem realize algo novo. A variação na mecânica é tão alta que, com exceção do pulo, raramente você executará as mesmas ações durante todo o jogo. Tudo é tão diversificado e prazeroso que poucos são os momentos em que você não estará com um sorriso estampado no rosto, tamanha são as surpresas que as fases reservam.

O que definitivamente faz de "Super Mario Galaxy" uma obra de gênio (que por sinal, não é para menos, já que estamos falando do criador do personagem, o lendário Shigeru Miyamoto) é seu trabalho de design, criação e planejamento. Situações absurdas, que desafiam nossos sentidos e compreensão, como jamais um jogo de plataforma conseguiu, são constantes.

O jogo apresenta uma galáxia surreal (para não dizer onírica), cheia de vida e cores, jamais imaginada em jogo, filme ou livro.

Nota: 10 (Imperdível).

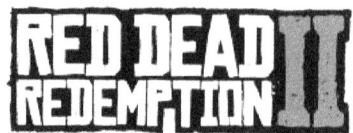 Os gatilhos mais rápidos do oeste. Você é um criminoso. Um fugitivo. Não se engane. Por mais honrado e nobre que seu comportamento seja, você é um fora da lei!

Anunciado em 2016 sem precisar fazer barulho em eventos, sem aparição em conferências de E3 ou coisas do tipo, Red Dead Redemption 2 é um prequel do primeiro Red Dead Redemption, lançado em 2010 para PS3 e Xbox 360. Favorita entre muitos fãs da Rockstar e aclamada mundialmente, a aventura de John Marston é tida como uma das melhores experiências de faroeste nos games.

Red Dead Redemption 2 se propõe a oferecer uma jornada que se passa em 1899, precisamente 12 anos antes do anterior, na virada do século, com outro protagonista: Arthur Morgan, um fora-da-lei do bando de Dutch Van Der Linde, do qual John Marston também faz parte.

A notória gangue tem seu próprio código de conduta, que envolve lealdade, compaixão e outros princípios que devem ser respeitados. O mundo era mais hostil; a natureza e os humanos conviviam lado a lado e começavam a contemplar a modernização, a industrialização, a virada para a sociedade do futuro.

Tudo que você precisa saber da história é bem simples: após um assalto ter acontecido da pior maneira possível em Blackwater, que é uma das principais regiões do jogo anterior e aqui foi ampliada substancialmente, Dutch, Arthur e o resto da gangue buscam abrigo e devem reerguer suas forças por meio da união.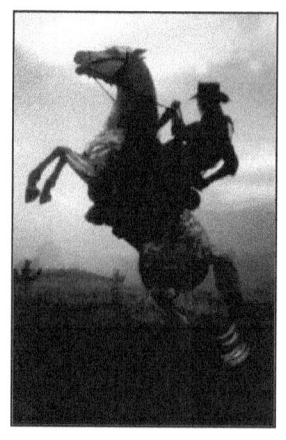

Assim é Red Dead Redemption 2, assim são os jogos da Rockstar: você não é o policial, não é o investigador, não é o mocinho. Jamais o herói, e sim o anti-herói. É o Jimmy Hopkins, de Bully; é o Trevor, de GTA 5; é o James Earl Cash, de Manhunt; é o Tommy Vercetti, de GTA Vice City; é o John Marston, de Red Dead Redemption; é o Arthur Morgan, de Red Dead Redemption 2.

Assim é um bom faroeste: ninguém quer ver o lado do governo, dos federais ou da lei. É um gênero que, à sua própria maneira, nos ensinou a gostar das gangues, palavra que, aliás, só não tem o mesmo glamour de "máfia" – aí a gente deixa com os italianos das décadas de 1920, 1930 em diante.

Red Dead Redemption 2 é realista, é bruto e muito adulto. A caça traz uma mecânica inédita: os Olhos de Águia, que permitem rastrear animais a serem caçados.

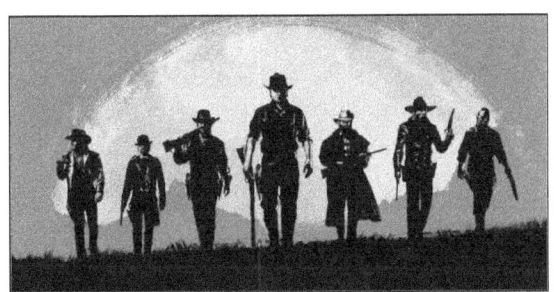

Red Dead Redemption 2 mostra que a Rockstar faz o que bem quer com gerações de consoles. Sem pressa, que é inimiga da perfeição, mas sim no tempo dela. Essa é uma daquelas experiências que verdadeiramente mexem com a gente; algo que brinca com nossos sentimentos. É o fruto colhido de uma semente plantada oito anos atrás, que foi o tempo gasto no desenvolvimento. O resultado vale cada minuto do seu tempo livre e cada centavo do seu suado dinheiro investido.

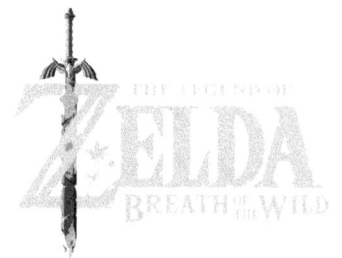

The Legend of Zelda: Breath of the Wild não é para todos, mas todos deveriam jogá-lo

The Legend of Zelda: Breath of the Wild, carinhosamente chamado de BotW, é o novo jogo da (talvez) maior e mais aclamada franquia de todos os tempos da Big N. Lançado em março de 2022, tanto para o Switch quanto para o Wii U (sendo o último grande lançamento do antigo console), o jogo chegou com uma grande responsabilidade nas costas: atualizar uma franquia consolidada, trazendo mundo aberto e gráficos em HD, ambos nunca antes vistos nos jogos da série.

Após o início do jogo, em que Link acorda sem memória em uma caverna, e deve ir a recuperando aos poucos ao longo da trama, o jogador é incumbido de realizar tarefas lineares para um senhor misterioso, que promete presenteá-lo com algo útil ao final das experiências. Isso consome por volta de duas horas do jogo, e podemos dizer que após a finalização deste tutorial, quando o real mundo de Hyrule se apresenta ao jogador, nada mais é

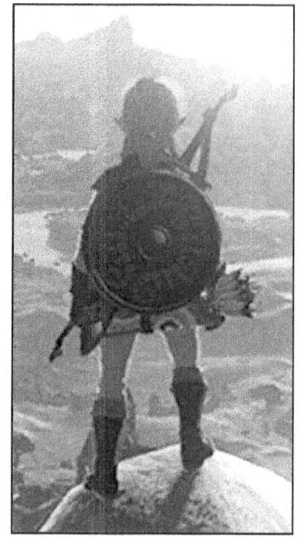

linear. Isso porque uma vez munido de seu parapente, o jogador terá literalmente um mundo à sua disposição para explorar da maneira que melhor lhe aprouver.

O mundo é tão grande e vivo, que por vezes o jogador irá se aventurar por áreas que ele sentirá que são muito perigosas para ele. Mas ao mesmo tempo, a Nintendo respeitou tanto a inteligência de seus jogadores, que com um pouco de astúcia, algumas escaladas e algumas estratégias de batalha bem encaixadas (jogar bombas e se esgueirar para não ser visto), será possível "sair" da área ou concluí-la sem que necessariamente se tenha o melhor equipamento disponível. E aí a sensação de recompensa é absurda.

De qualquer maneira, o jogo não é fácil e você provavelmente vai morrer e muito ao longo da experiência! Por isso, é sempre bom cozinhar suas comidinhas e elixires, pois do contrário o jogador se verá em apuros com monstros que com apenas um hit podem praticamente matar Link.

Breath of The Wild é, sem dúvida, o maior lançamento da franquia desde Ocarina of Time. Não é à toa que ganhou diversos prêmios, dentre eles de jogo do ano, desbancando concorrentes de peso como Super Mario Odyssey e Horizon Zero Dawn.

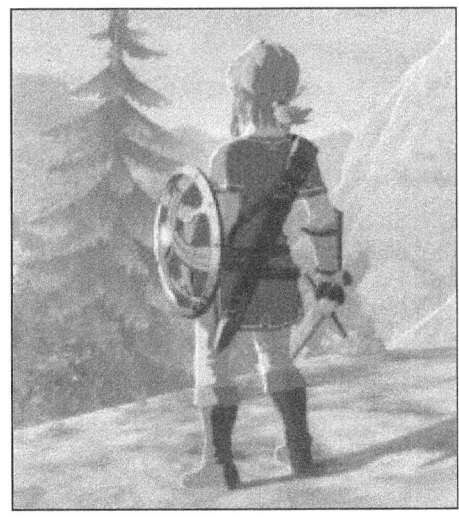

Se você ainda não comprou um Nintendo Switch e está se perguntando se este jogo vale o investimento, a única resposta possível é: claro que vale, você está perdendo tempo! Ajude Link a recuperar sua memória, liberte as Divine Beasts, salve Zelda e Hyrule! Daruk, Mipha, Revali e Urbosa esperam por você.

PERFECT DARK

Excelência em sua mais bela forma

Perfect Dark é um verdadeiro marco lançado para o saudoso Nintendo 64. Juntamente com 007 Goldeneye, lançou bases que até hoje servem de parâmetro para alguns dos mais modernos jogos de tiro em primeira pessoa, e agora volta em uma versão reconstruída via XBLA (Xbox Live Arcade).

Considerado uma espécie de "sucessor espiritual" de 007 Goldeneye, Perfect Dark marcou por deixar para trás diversos clichês dos jogos de tiro, abandonando os corredores estreitos para mostrar ambientes ao ar livre e com uma renovada gama de possibilidades táticas. No mais, o título ainda trazia uma das melhores construções 3D da década de 90.

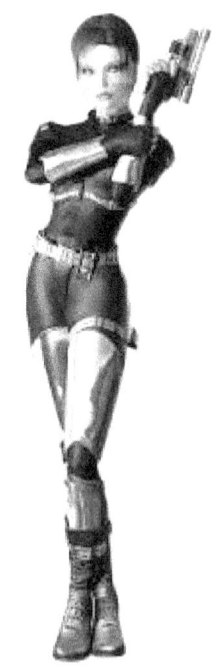

O jogador assume o papel de Joanna Dark, uma agente do Carrington Institute, cujas excelentes pontuações em treinamento lhe renderam o codinome "Perfect Dark". Em sua primeira missão, ela é enviada para extrair um desertor conhecido como Dr. Caroll de um laboratório da dataDyne. Dr. Caroll é revelado como sendo a IA criada pela dataDyne e está preocupado com a missão para a qual foi projetado. Quando Joanna o resgata, ela é informada de que Dr. Caroll foi levado a uma frente de dataDyne em Chicago.

O cenário de ficção científica do jogo foi escolhido devido ao interesse dos desenvolvedores no gênero. A série de televisão The X-Files inspirou a incorporação de um personagem alienígena grey e a premissa de alienígenas sendo investigados. Outras influências no cenário, tema e enredo incluíram teorias de conspiração e obras como o mangá Ghost in the Shell, quadrinhos Elektra, os filmes Blade Runner (1982) e Judge Dredd (1995), e a escrita do autor Philip K. Dick.

Hollis e o projetista David Doak idealizaram cenários arquitetônicos distópicos e de ficção científica impressivos; o enredo foi então construído em torno desses locais. Por exemplo, a primeira fase ocorre em um arranha-céu que o artista principal Karl Hilton sempre quis construir e apresenta ambientes realistas como escadas de serviço e uma área externa que pode ser explorada.

Embora o jogo apresente um novo universo fictício, ele ainda foi concebido como um jogo de tiro de espionagem, como GoldenEye 007.

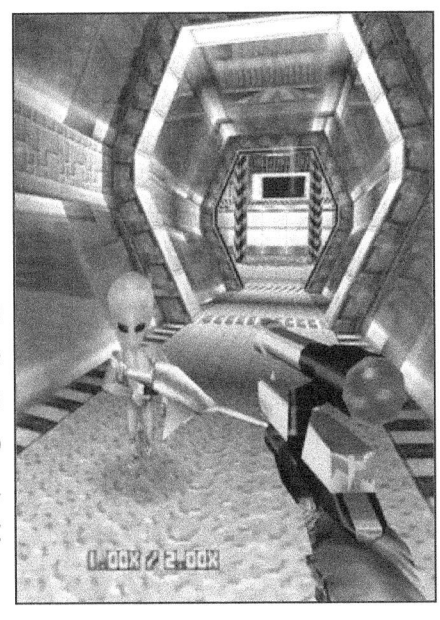

Perfect Dark foi aclamado pela crítica ao ser lançado. É o segundo jogo mais bem avaliado da história do Nintendo 64 no Metacritic, atrás de The Legend of Zelda: Ocarina of Time, é claro!

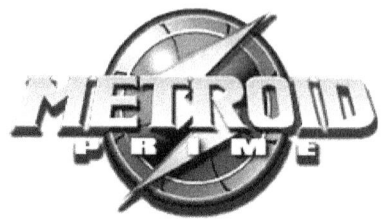

O jogo é tão diferente do original que a Nintendo poderia chamar de um remake, fácil, fácil.

Depois de ficar desaparecida desde 1994, Samus Aran, heroína de "Metroid" pulou uma geração de hardware para realizar seu triunfante retorno 3D no GameCube - pelas mãos de uma produtora americana, a Retro Studios. Depois de muitas reviravoltas na empresa, que resultaram em mudanças forçadas pela Nintendo japonesa no design do jogo, demissões e cancelamento de projetos, razões não faltavam para justificar um desastre. Mas "Metroid Prime" é nada menos do que um retumbante sucesso.

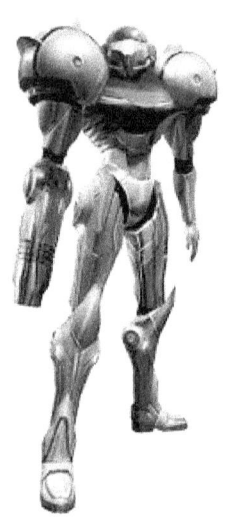

"Prime" se passa logo depois de primeiro confronto de Samus com Mother Brain no fim de "Metroid" (NES). A mercenária segue o rastro dos Piratas Espaciais, que a levam à órbita do planeta Tallon IV. Lá ela encontra uma base espacial destruída onde experiências genéticas ilegais estavam sendo realizadas. Além de servir de tutorial, a estrutura simplificada e primariamente bidimensional desse lugar é utilizado para ensinar aos jogadores como foi feita a excelente transição para a nova dimensão.

O jogador precisa se conscientizar da importância do visor da armadura: além do visor tradicional e dos posteriores filtros de Raios-X e infra-vermelho, a lente é capaz de analisar quase qualquer objeto do cenário - seja um item, um inimigo ou parte da flora, fauna e arquitetura de Tallon IV.

Como é natural para em "Metroid", o grosso do jogo é a exploração da superfície e subsolo do planeta. Todo o planeta é dividido em grandes blocos que podem (e devem) ser navegados repetidamente, encontrando novas habilidades que abrem acesso a novas áreas.

Alguns jogadores podem ficar impacientes com a necessidade de atravessar repetidamente o mesmo lugar - e por isso mesmo a Retro adicionou uma função (que pode ser desligada) que dá dicas esporádicas do próximo objetivo da heroína... sem estragar a graça do game.

Aproveitando ao máximo a novidade do visor, a equipe da Retro fez milagre para mergulhar o jogador na armadura de Samus: ao passar sobre jatos de fumaça, o visor embaça. Sangue dos inimigos espatifa contra sua tela, e água escorre quando você pula fora de um lago.

A atenção para detalhe é tanta que você pode até ver o esqueleto do braço de Samus se mexendo sob a armadura quando usa a visão de Raios-X. O planeta recebeu igual atenção, tendo uma aparência assustadoramente orgânica e detalhada.

Tudo rodando a suaves 60 quadros por segundo.

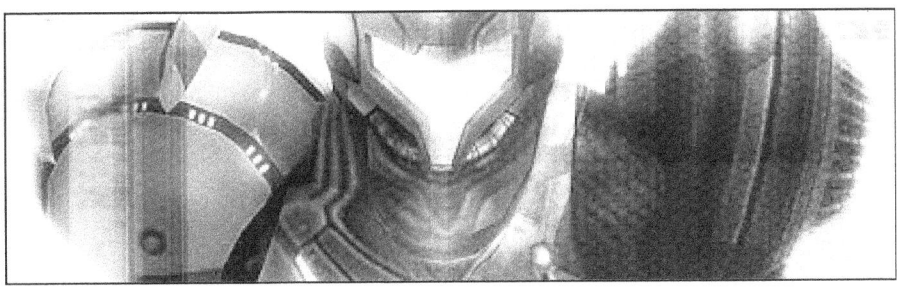

Pause!
Tempo pra fumar um cigarro e tomar um café.

Na próxima fase, um combo com mais 10 jogos da lista.

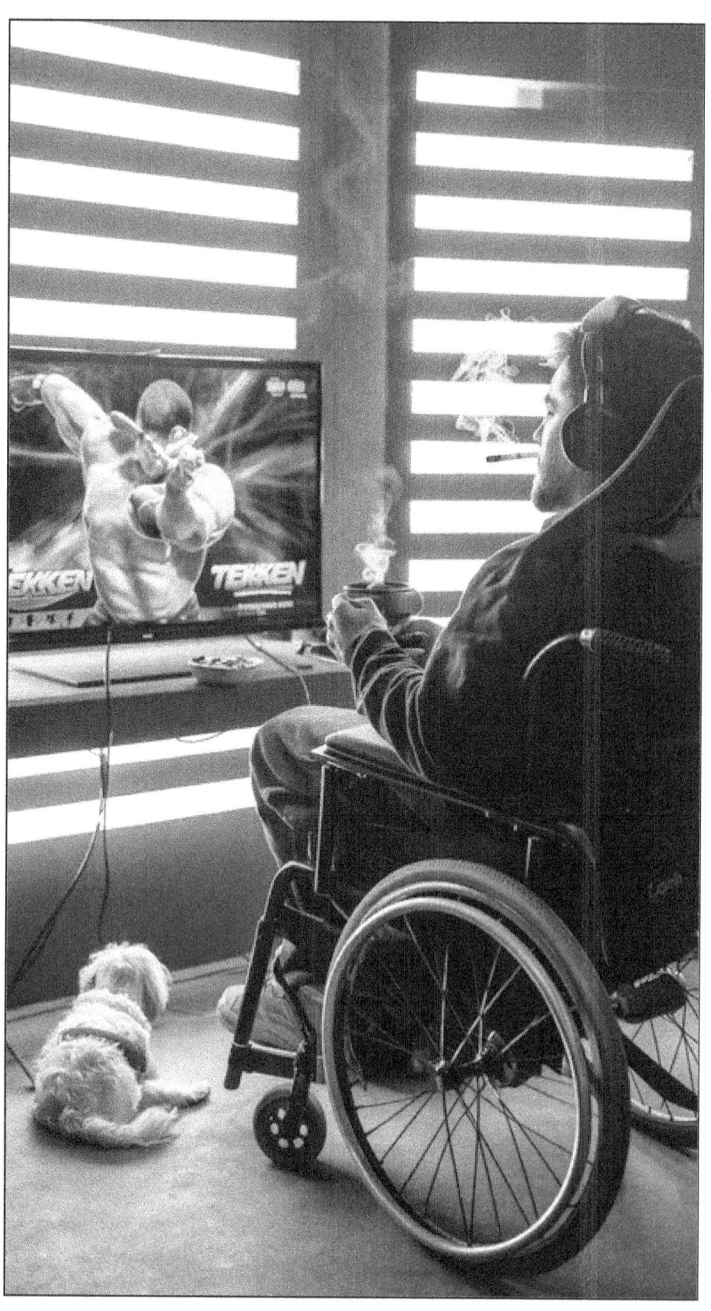

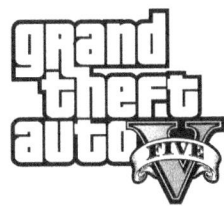

Grand Theft Auto V não é apenas um jogo absurdamente agradável, mas também é uma sátira inteligente e ousada da América contemporânea.

GTA V foi finalmente lançado e, como todo título da série, tudo é grandioso: é o titulo com maior investimento, maior faturamento na história dos games em 24h e definitivamente um dos maiores mundos do gênero Sandbox.

Los Santos é uma obra de arte tão magnifica que só falta falar.

Uma das grandes mudanças neste título é a oportunidade de contar uma história com a presença de três personagens distintos. Michael, Franklin e Trevor possuem personalidades extremamente diferentes, assim como história de vida e objetivos.

GTA V é uma obra prima em relação a ambiente e desenvolvimento de enredo. Michael e Trevor são personagens extremamente complexos e maravilhosos,

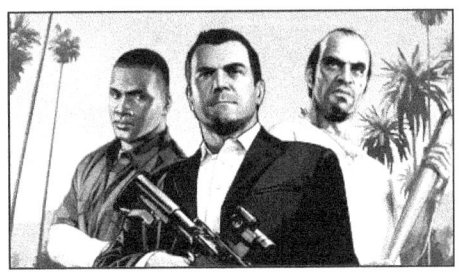

em especial Trevor. O cara é uma das melhores representações do que se fazer em qualquer GTA: ser maluco, explodir coisas e sair pela cidade espalhando a sagrada mensagem da 'zueira'. Com certeza esse maluco vai entrar para a lista de personagens históricos de muitos jogadores que viverem um bom tempo em Los Santos.

Todas as possibilidades extra-jogo, marcas registradas da franquia, estão um pouco mais refinadas que nos títulos anteriores e as relações sociais entre os personagens principais e NPCs estão muito mais marcantes. Parabéns à Rockstar que conseguiu preencher até os personagens menos importantes de Los Santos com uma quantidade absurda de alma. Assim, GTA V tem todos os aspectos que a série já possui, ainda melhores.

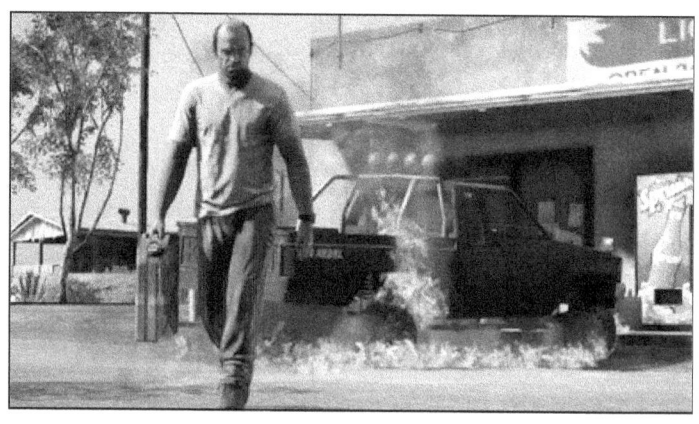

A única coisa que a Rockstar não consegue desenvolver de forma tão magistral ainda é a ação. É desapontador ver um jogo tão refinado sem mecânicas mais polidas de combate. A implementação das habilidades especiais dos personagens foi uma boa adição, mas em relação a este critério existem outros jogos que conseguiram melhores resultados, mesmo que tenham sido em detrimento de diversos outros elementos do game como liberdade.

Grand Theft Auto V é um dos melhores títulos da franquia se aproximando muito do histórico GTA San Andreas. Alguns podem achar o título o melhor de todos, outros não, mas independente da opinião, GTA V vale cada minuto de espera, centavos e horas gastas.

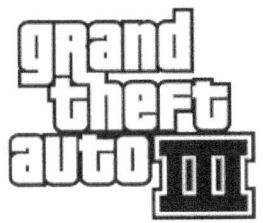

O épico do crime que mudou os jogos de mundo aberto para sempre. Bem-vindo a Liberty City. Onde tudo começou.

Poucos jogos foram tão controversos quanto a franquia GTA, desde seu nascimento. Desde quando o primeiro game da franquia foi lançado para o PC, e depois chegou ao Playstation, já se falava sobre sua violência explícita, sua conotação sexual, sua apologia ao tráfico de drogas e de armas e de sua conspiração política por denunciar as mazelas da sociedade norte americana de forma tão cruel e direta. Ainda mais violento, mais sádico, mais cômico e mais crítico, trata-se de um jogo que deu início a um novo patamar, não só para a empresa como para o mundo dos games como um todo.

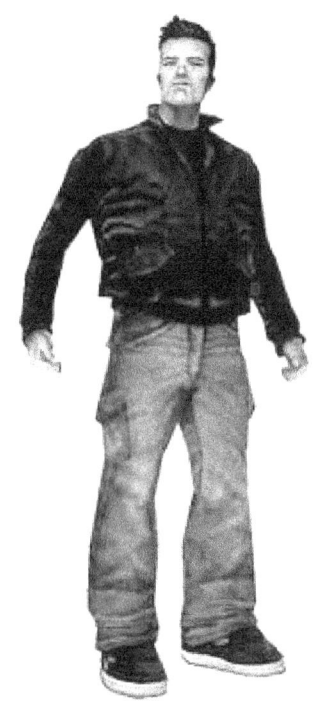

Um jogo que veio contra tudo e todos, para revolucionar tudo o que já havia sido feito até então. Um game que formou uma legião de seguidores (e de fervorosos inimigos), e serviu de inspiração para a criação de muitos jogos, filmes, músicas e histórias em quadrinhos ao redor do mundo. Um dos jogos mais influentes e mais bem sucedidos da história dos games. Referência completa dentro de seu segmento e marca determinante em sua época. GTA 3 foi tudo isso e muito mais.

Dessa vez, a Rockstar Games veio disposta a realmente "chutar o pau da barraca". Estamos diante de uma obra de arte. A empresa revolucionou todo o mundo dos games com algo nunca antes visto. Estávamos diante de um novo parâmetro para os games. Uma nova percepção sobre a realidade. Uma nova visão sobre o entretenimento.

Uma das coisas que mais chama a atenção no jogo são as estações de rádio. As estações são praticamente o que compõe a trilha sonora do jogo, já que o jogo em si não possui trilha sonora. Como passamos boa parte do tempo nos veículos, eles servem de distração e entretenimento. Há várias estações disponíveis, de acordo com o estilo de música.

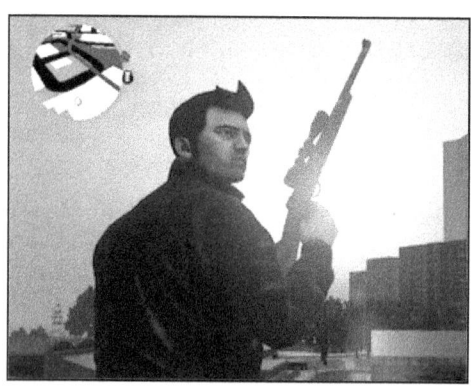

A ideia do jogo é basicamente fazer dinheiro. Para isso, a melhor forma é mesmo realizar as missões do jogo. Mas as missões não são a única forma de se conseguir dinheiro. Há diversas outras formas.

O jogador pode assaltar pessoas, por exemplo, matando-as e roubando os poucos trocados que eles têm. Não há sistema de acúmulo de pontos ou de multiplicadores, como nos primeiros GTAs, mas ainda dá para fazer verdadeiras fortunas em pouco tempo. Dá, até mesmo, para trabalhar!

GTA 3 conseguiu se tornar a referência indiscutível dentro de seu campo de atuação, e colocou a Rockstar Games no mesmo patamar que outras empresas já estiveram, como Nintendo, Sony, Capcom ou Square Enix: o topo.

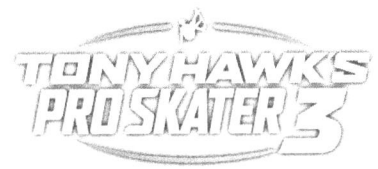 Tony Hawk's Pro Skater 3 é nostalgicamente sensacional!

Tony Hawk's Pro Skater 3 é o terceiro jogo da conhecida série da Activision que leva o nome do renomado skatista profissional Tony Hawk. O game simula os principais movimentos do skate, contando com comandos específicos para cada classe de manobras.

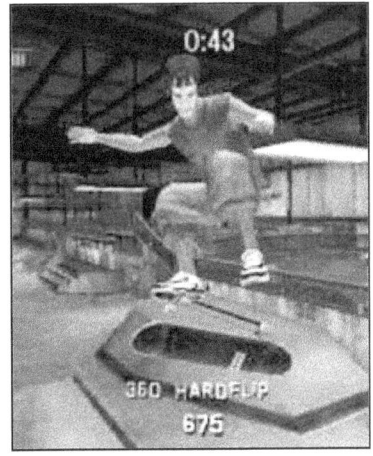

O sistema do game é o mesmo de seus antecessores: você deve escolher um entre 13 dos maiores atletas da atualidade e andar por diversas pistas ao redor do mundo realizando objetivos em um tempo pré-determinado de dois minutos. Há também pistas específicas nas quais são realizados campeonatos. Nestas, o jogador deve andar em três baterias de um minuto, obtendo uma média entre as notas de cada. Se a média for boa o suficiente para colocá-lo entre os três primeiros na competição, você passa de fase.

THPS3 foi considerado revolucionário por conta de seus gráficos e físicas, que o diferenciaram bastante de seus antecessores; tudo por causa da capacidade do PS2, bastante superior a do Playstation, no qual seus antecessores foram lançados. O game também foi bastante conceituado por ser o primeiro do PS2 a oferecer suporte online.

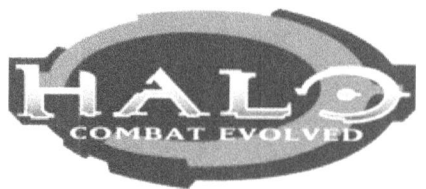

Halo: Combat Evolved Anniversary é um jogo com mais de 10 anos e foi feito um excelente trabalho de remasterização dos gráficos.

Halo Combat Evolved é um jogo de tiro em primeira pessoa que abriu as portas da Microsoft e seu console estreante para o mundos dos games. O jogo foi um sucesso de vendas e de recepção do público, ao apresentar uma história intrigante, uma jogabilidade amigável, inimigos com boa inteligência artificial e um cenário digno de um bom filme de ficção científica.

O enredo envolve a reanimação de um ciborgue chamado Masterchief no momento em que a base em que estava adormecido é atacada por uma raça chamada Covenant. Sua missão é destruir essa ameaça alienígena e assim, perpetuar a existência da raça humana. Seus movimentos, contudo, serão auxiliados por uma entidade com inteligência artificial presente em seu sistema, denominada Cortana.

O enredo inicial pode parecer um tanto confuso ou singelo, porém ele foi altamente desenvolvido e explicado posteriormente, em parte no próprio jogo, em parte nos romaces publicados pelo autor Eric S. Nylund (mesmo responsável pelo título posterior, Gears of War).

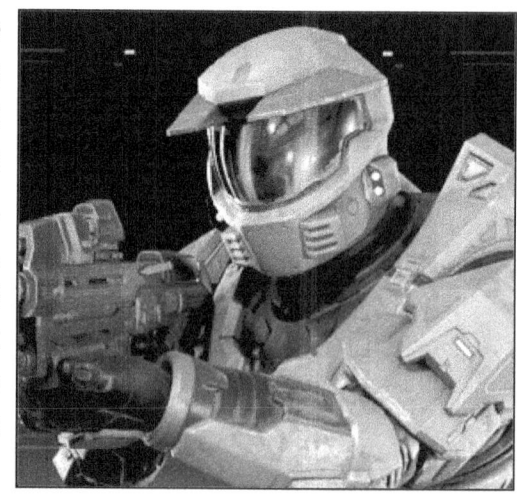

Quanto à jogabilidade, chama a atenção a maneira como a armadura de Masterchief é danificada e regenerada: após receber alguns tiros, uma barra é continuamente drenada até chegar em um ponto em que um número limitado de elementos são subtraídos da tela. Caso o jogador pare de receber tiro, essa barra se regenera após algum tempo, caso contrário, esses elementos serão extinguidos até a morte do ciborgue. Apesar de parecer um tanto confuso, na prática o sistema funciona muito bem pois exige do jogador uma certa moderação e cautela ao se expor no combate.

Por outro lado, os veículos conscedem uma dinâmica maior ao game, em especial o blindado chamado Warthog que contém espaço para um tripulante manobrar uma metralhadora.

Quanto aos aspectos técnicos, Halo apresenta gráficos satisfatórios e uma trilha sonora de qualidade, porém sem tanta riqueza de efeitos sonoros. O destaque fica por conta dos amplos cenários dos planetas que Masterchief deve percorrer para eliminar a ameaça Covenant.

Halo Combat Evolved é um título exclusivo dos consoles da Microsoft e do Windows, sendo uma alternativa a ser considerada pelos amantes do gênero tiro em primeira pessoa.

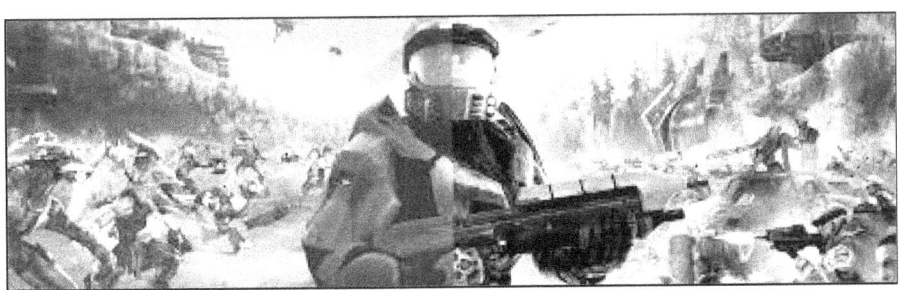

H λ L F - L I F E ²

O HALF-LIFE surpreende a indústria dos jogos com a sua combinação de ação imparável e histórias contínuas e imersivas.

Em 98, quando Half-Life saiu, foi considerado o melhor jogo de tiro em primeira pessoa (FPS) produzido até então. Foi o primeiro a apresentar sua história sem cortes, totalmente em tempo real. Após milhões de cópias vendidas, mais de 50 premiações ganhas e 6 anos de espera (5 deles dedicados à produção do jogo), é lançado Half-Life 2, um dos jogos mais aclamados de todos os tempos.

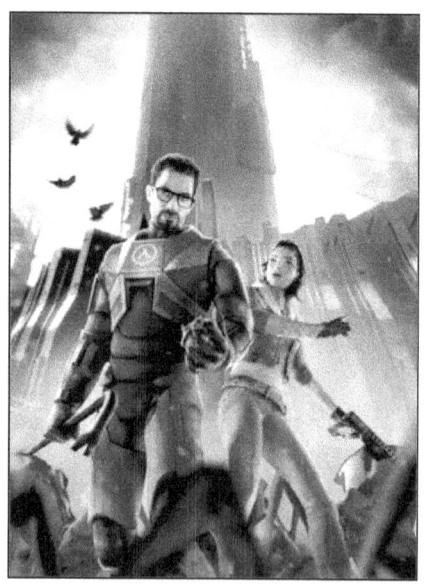

O jogo utiliza a Source Engine, uma modificação da engine de física Havok, o que faz a jogabilidade ser extraordinária. A história é 100% em tempo real, assim como na primeira versão do jogo, o que faz com que o jogador se sinta o próprio Gordon — protagonista da trama.

Um dos pontos mais interessantes do jogo é a inteligência artificial, que desempenha um papel importante no modo como o jogador deve agir e no quão realistas as coisas são. Todos os personagens possuem uma inteligência diferente, sendo eles aliados ou inimigos.

A maior novidade do jogo é a arma de gravidade que, além de otimizar essa possibilidade, permite, por exemplo, que o jogador pegue itens de vida ou munição em lugares de difícil acesso, ou traga objetos de longe, como barris ou caixas, para ajudá-lo a tomar cobertura durante uma troca de tiros com os oficiais da Combine. No decorrer da trama, seu poder é acentuado, possibilitando controlar inclusive inimigos à distância.

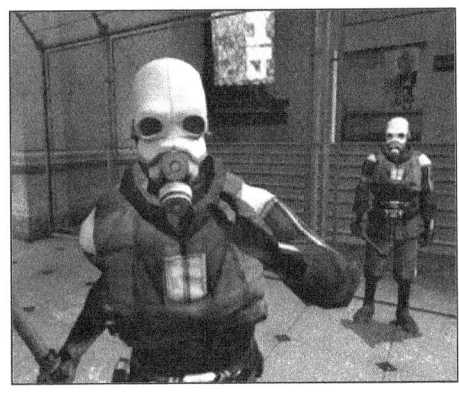

Half-Life 2 revelou uma nova dimensão, em que os efeitos visuais realistas fazem diferença na diversão proporcionada pelos jogos. Com todas as novas tecnologias de melhoramento gráfico e simulação da física, o jogador passou a imergir em mundo cheio de detalhes e cenários deslumbrantes com uma interatividade nunca antes vista.

Os gráficos de Half-Life 2 são impressionantes, assim como a sua física, os sons de alta qualidade e a jogabilidade clássica e impecável.

Tudo isso foi proporcionado pela Source Engine, que utiliza tecnologias usadas pela Pixar para a criação de animações como Toy Story e Monstros S.A.

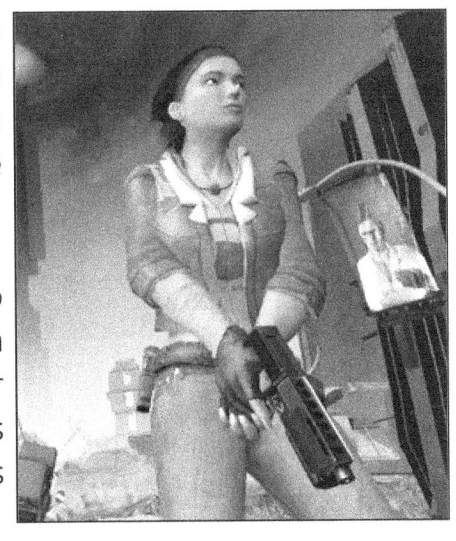

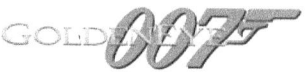

GoldEneye 007 é um daqueles títulos que provocaram uma ruptura na maneira como os jogos de tiro em primeira pessoa eram desenvolvidos.

Há 27 anos chegava às lojas o clássico improvável GoldenEye 007, para Nintendo 64. Improvável porque até então o agente secreto James Bond não passava de um coadjuvante no mundo dos games, e também porque ninguém em 1997 imaginava que jogos de tiro em primeira pessoa pudessem funcionar fora dos computadores pessoais.

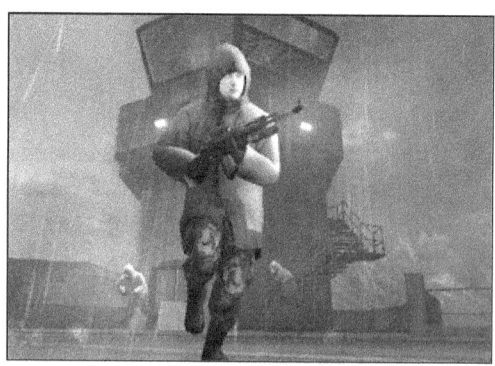

Não era para menos: os FPS (first person shooters, ou jogos de tiro em primeira pessoa) nos consoles se resumiam a péssimas conversões de títulos famosos para PCs, que também costumavam contar com mais recursos técnicos que os consoles dos anos 1980 e 1990. Até que uma certa desenvolvedora chamada Rare surgiu com Bond, James Bond, para mudar essa escrita.

GoldenEye 007 tinha tudo para dar errado, mas a persistência e o talento dos desenvolvedores da Rare salvaram o projeto. Primeiramente, como o filme "007 contra GoldenEye" havia sido lançado nos cinemas em 1995, o projeto inicial previa um game para Super Nintendo com o suporte do chip Super FX. Como a equipe responsável pela produção não tinha qualquer experiência com jogos de tiro, inicialmente pensou-se em tentar um jogo com movimentação em trilho, similar aos jogos de tiro presentes em fliperamas, ideia que não deu certo.

Deu tudo certo no final. A inexperiência da equipe responsável levou GoldenEye 007 a adotar soluções fora do padrão da época, que culminaram em uma experiência bastante distinta de outros FPS. Um exemplo disso são as bases militares e prédios com salas vazias que nada acrescentavam aos objetivos de fase, mas que ao mesmo tempo produziam uma experiência mais autêntica. Ainda nesse sentido, muito antes de o recurso ser um padrão, GoldenEye já tinha uma opção de controle que previa dois analógicos, com o jogador usando um gamepad em cada mão. Lógico, é bem desengonçado e não se compara com o que há hoje, mas funciona, por incrível que pareça.

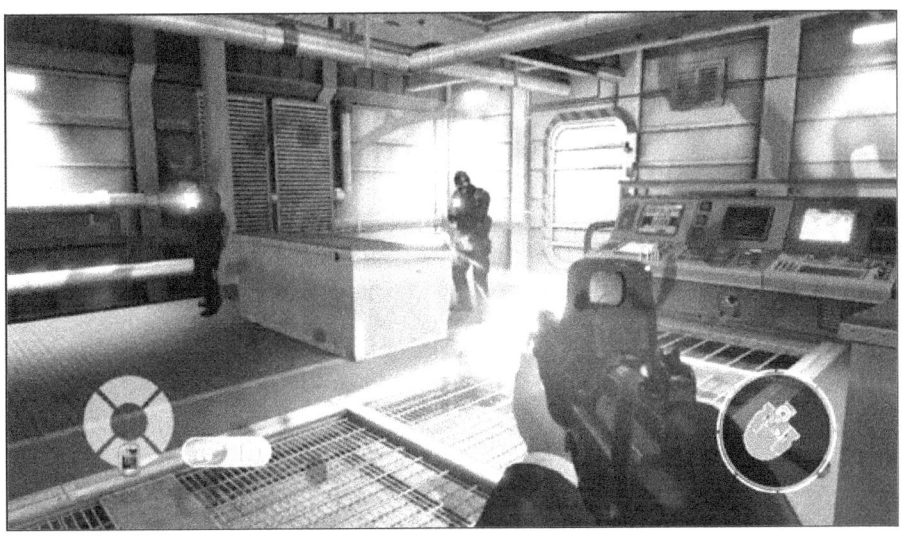

Assim, é justo dizer que o sucesso e a influência de James Bond em GoldenEye 007 contribuíram para pavimentar o caminho dos jogos de tiro em primeira pessoa, transformando o gênero, antes restrito ao monitor e mouse, em um tipo de jogo popular entre muitos jogadores e jogadoras que curtem um game na tevê da sala, de controle na mão.

GoldenEye 007, assim como os diamantes, é eterno.

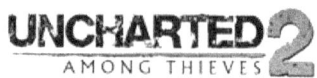 Sequência fantastica!!! Pegou tudo que o primeiro fez de bom e incrementou ainda mais.

O segundo capítulo de Uncharted traz uma experiência única e completamente atraente do começo ao final. Trata-se de um roteiro que não perde em nada dos filmes de Hollywood, cheio de personagens hilários e marcantes, dentro de uma aventura que hora foca na ação, hora em quebra-cabeças.

A primeira coisa que notamos em relação ao primeiro título é que Nathan Drake é um homem mais maduro. Como o título se passa alguns anos após a primeira aventura, o

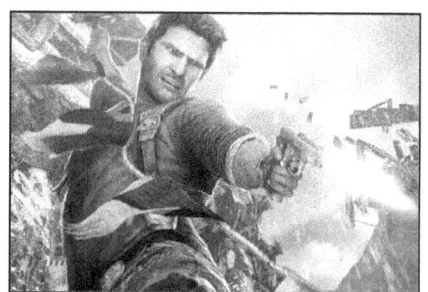

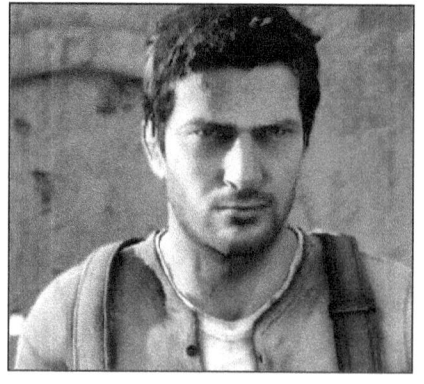

personagem parece estar mais experiente e com o humor ainda mais afiado. E isso o faz entrar de cabeça em uma história cheia de reviravoltas enquanto ele busca uma pedra chamada Chitamani.

E assim como seu personagem principal, o jogo em si também amadureceu. Diversos problemas encontrado em Drake's Fortune foram corrigidos. Além disso, Among Thieves apresenta um dos melhores gráficos já vistos nesta geração.

Desde os cenários especialmente detalhados, até a modelagem dos personagens, animações e os admiráveis cutscenes que fazem o jogador se aproximar cada vez mais dos personagens e da história.

Entre escaladas em ambientações extremas, cenários abertos que esbanjam beleza e a ação lotada de perigo, Nathan Drake se depara com diversas situações de surpresa e risco. Isso inclusive faz com que ações inesperadas sejam tomadas pelo protagonista, fazendo com que o jogador se surpreenda durante a ação.

Os combates estão ainda mais realistas, já que Drake, além de usar armas como metralhadoras, shotguns e até bazucas, pode lutar corpo a corpo com os inimigos. Basta usar o quadrado como botão de ataque e o triângulo para desviar das pancadas inimigas. Dependendo do local e de como Drake é alvejado e entra no combate, a animação é diferente, dando mais realismo à cena.

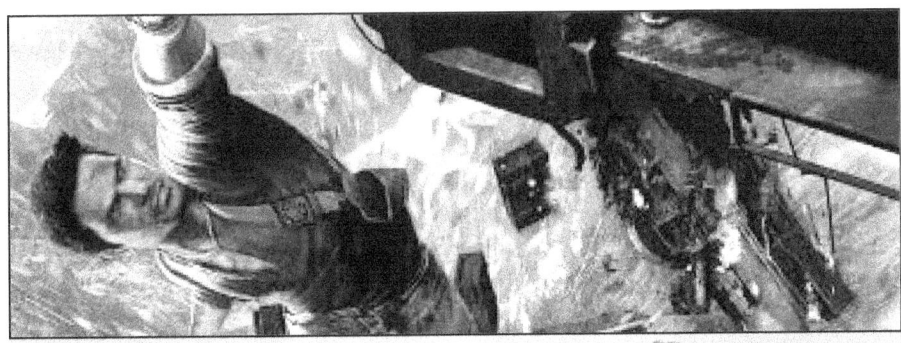

E para quem gosta de pensar um pouco, entre alguns trechos da história, pancadas e tiroteios, há pequenos quebra-cabeças para serem solucionados. No entanto, nenhum deles oferece tanto desafio e servem apenas como uma variação da ação presente no jogo. O que funciona bem, já que não torna a aventura enjoativa.

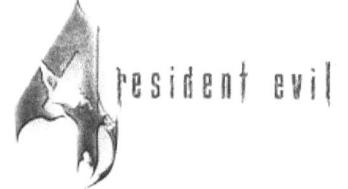 Resident Evil 4 é um jogo que remodelou por completo a franquia RE e também o mercado dos jogos de ação.

Com um novo enredo e jogabilidade reformulada, Resident Evil 4 inova a franquia sem deixar de lado os elementos que o tornaram um sucesso.

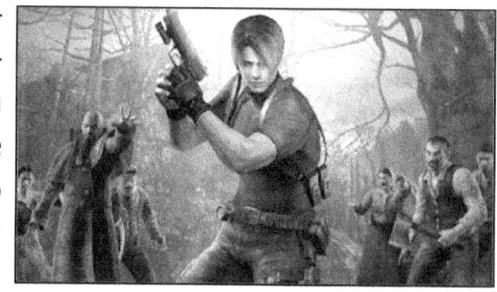

A Umbrella Corporation — a famigerada mega-corporação farmacêutica responsável pelo incidente em Racoon City envolvendo armas biológicas — faliu após uma série de ações do governo estadunidense. A trama agora se dá por conta de uma nova ameaça: uma organização de origem desconhecida, da qual participam habitantes de um vilarejo que colocam suas vidas à disposição de Los Illuminados.

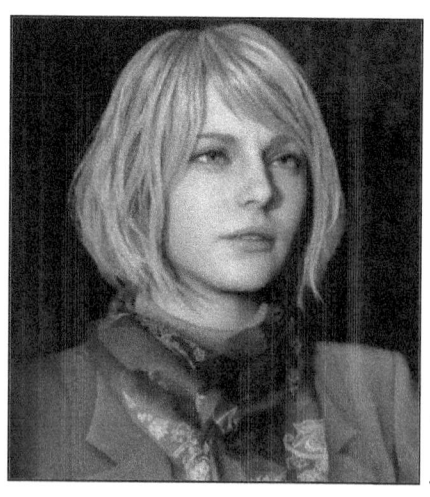

Na pele do agente especial Leon Kennedy você terá como missão resgatar a filha do presidente, que foi seqüestrada pela tal organização. Para tanto, Leon viaja até um estranho vilarejo situado em um país europeu, no qual encontra velhos conhecidos do agente Kennedy e da franquia RE, como Ada Wong e Jack Krauser.

Desta vez a resolução de elaborados quebra-cabeças perde um pouco o espaço e acaba se focando mais no combate do que na exploração de ambiente. Em vários momentos do jogo você irá se encontrar cercado por uma avassaladora quantidade de inimigos, o que cria um verdadeiro clima de guerra. Mesmo assim, o jogo não deixa nada a desejar no que tange ao clima sombrio e a tensão presente em todos os outros títulos da franquia.

Seus principais inimigos em RE4 não são os letárgicos zumbis, que dão lugar aos Ganados — humanos manipulados mentalmente. Essa mudança de antagonista acaba exigindo muito mais habilidade do jogador, tornando o título mais dinâmico. Diferente dos mortos-vivos, eles correm, utilizam armas e até mesmo falam.

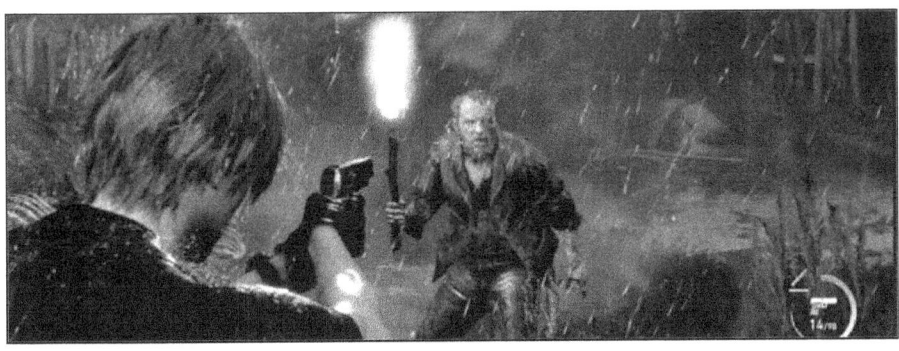

A trilha e os efeitos sonoros são bastante adequados, tornando o clima mais tenso ou mais ameno de acordo com a situação. As vozes dos Ganados, dubladas em espanhol, dão um toque especial acrescentando um clima de "estranho no ninho", a já aterrorizante atmosfera do game.

Resident Evil 4 é diferente dos outros jogos da franquia e suas versões para Wii, PS2 e Gamecube certamente valem cada centavo

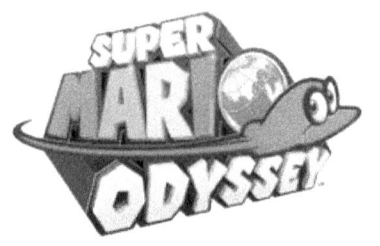

A Nintendo mais uma vez mostra como se faz e nos traz um clássico moderno que surpreende a todo instante.

Super Mario Odyssey começa com o já clássico grito da Princesa Peach, clamando por socorro ao seu amado, frente a um novo rapto do vilão Bowser. Porém, a situação agora parece ainda pior, já que não foi apenas Peach que sofreu com o inimigo. Mario começa a aventura vencido pelo oponente, com sua clássica boina rasgada e jogado em um mundo cinza, abatido e sem vida. O clima é de derrota completa.

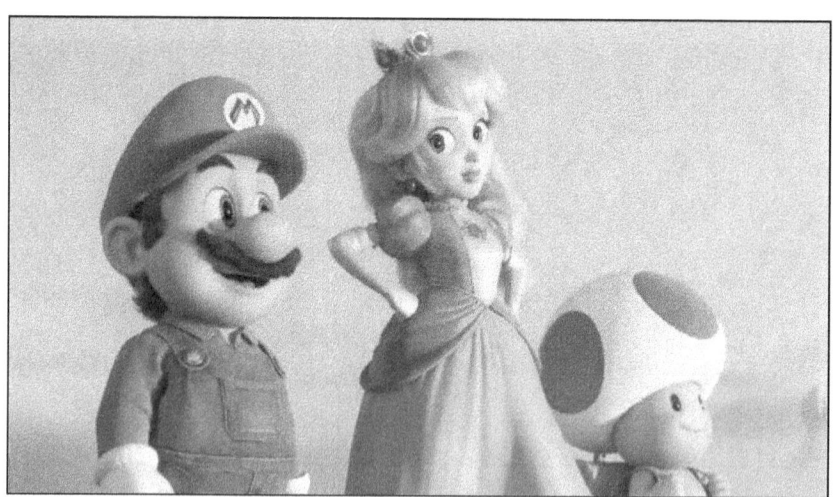

O ambiente ruim, porém, dura pouco. Nosso herói azul e vermelho encontra salvação na figura de Cappy, um misterioso aliado em forma de chapéu com consciência – e olhos! – que propõe unir-se a Mario, assumindo forma de sua nova boina para também salvar sua querida, raptada junto com Peach. A dupla parte com um objetivo único, mas para isso terão de passar por mundos diversos e com vários desafios.

O que temos em mãos é um Super Mario que te dá liberdade. Logo na primeira fase após o prólogo, que é em um pequeno e curto ambiente de três níveis de altura, é possível perder mais de uma hora só para caçar todos os segredos e explorar tudo que o cenário tem a oferecer – moedas secretas, passagens escondidas, inimigos que dão habilidades próprias (calma, vamos chegar neste ponto). Isso se repete cada vez mais nos mundos posteriores, que são ainda maiores em tamanho e em termos de colecionáveis, itens, oponentes, etc.

O "chapéu vivo" do personagem dá toda uma dinâmica ainda mais única ao jogo, tendo em vista que nada parecido foi feito até agora na série. Pela primeira vez, na saga principal, temos Mario com uma forma constante de ataque que vai além de seu pulo, garantindo também uma dificuldade um pouco mais alta, para equilibrar as coisas.

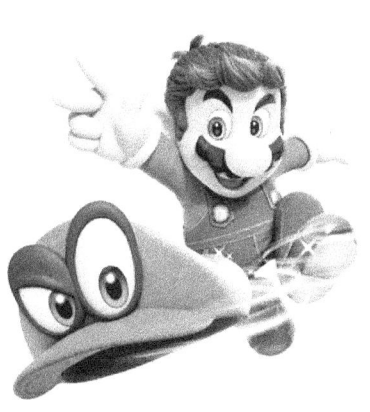

Voltando ao cenário geral de Super Mario Odyssey, todo o restante é como deveria ser – e ainda melhor, na verdade. Você avança pelos mundos coletando luas, descobrindo segredos e esbarrando com outros colecionáveis, que vão dar vida extra ao game – como as moedas roxas, únicas em cada ambiente, que permitem comprar roupinhas para nosso herói.

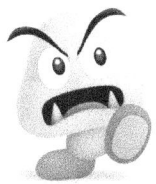

Trata-se de um dos melhores jogos de toda a série e também do Nintendo Switch.

Com mais de 60 anos de carreira, o Homem-Aranha é um dos heróis mais conhecidos e amados mundialmente. Durante suas seis décadas de vida, o cabeça de teia já teve centenas de histórias em quadrinhos, já foi interpretado por múltiplos atores nos cinemas e ganhou muitos jogos, uns bons e outros, nem tanto...

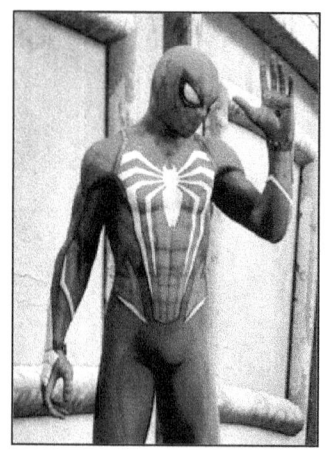

Mais do que uma simples sequência, Spider-Man 2 é um amálgama dos projetos anteriores da Insomniac Games, que foi comprada pela Sony em 2019. A empresa começou sua caminhada com o Homem-Aranha em 2018, quando lançou o game de mundo aberto e focado com história cinematográfica no PS4.

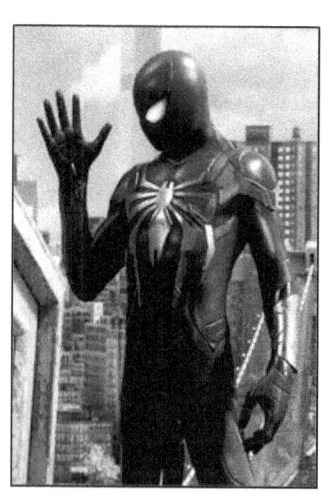

Além da história, o mundo aberto de Spider-Man 2 também está recheado de atividades secundárias com muitas referências. Diferente dos jogos anteriores, em que grande parte dos coletáveis e bases de inimigos serviam apenas para coleção ou subir de nível, aqui o jogador é presenteado com uma expansão do universo de Spider-Man, além de conseguir recursos e liberar belos trajes para os personagens.

Quando o assunto é jogabilidade, temos uma experiência que lembra muito os jogos anteriores, mas com certas mudanças que aprimoram a qualidade de vida. Nesse quesito, a Insomiac claramente ouviu os fãs e realizou melhorias interessantes em sua fórmula.

Com Spider-Man 2, a Insomniac também consegue fazer um dos melhores aproveitamentos do hardware do PS5 até agora. A parte mais impressionante acaba sendo a viagem rápida: além da troca entre personagens ocorrer em segundos, você pode pular de um local do mapa para o outro instantaneamente. Basta escolher o lugar e o personagem será transportado para lá, sem interrupções.

Outro ponto que merece destaque no game é o uso do DualSense. Spider-Man 2 aproveita os gatilhos adaptáveis para puzzles na história e também na movimentação. O áudio e a vibração do controle também são muito bem aproveitados, servindo até mesmo como guia para encontrar itens pelo mapa.

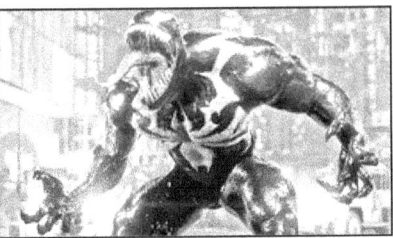
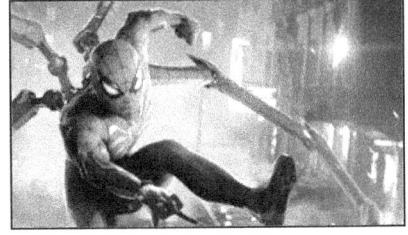

No fim das contas, Spider-Man 2 é mais uma prova de que não é necessário reinventar a roda para se fazer um bom jogo. A Insomniac refinou a sua fórmula e entregou um game de mundo aberto feito na medida certa para entregar uma história deslumbrante e um gameplay que não é cansativo.

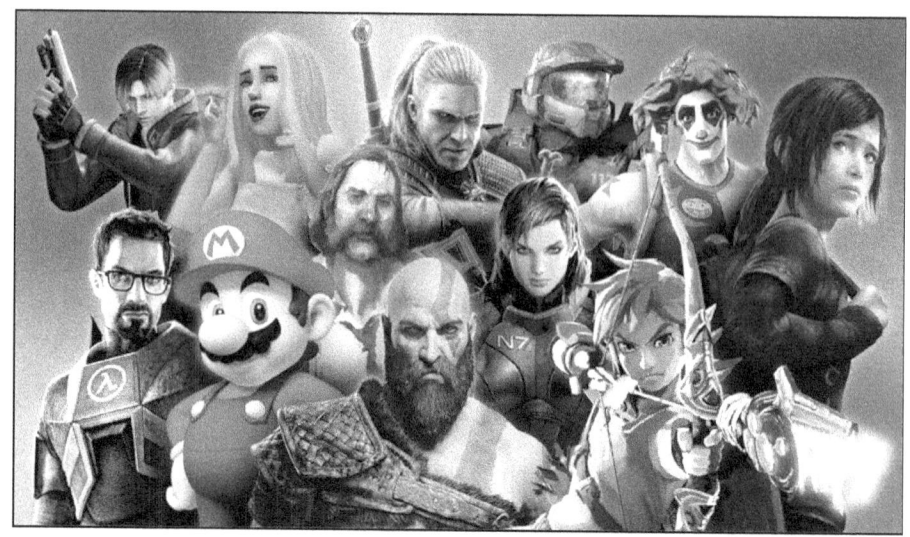

Muito bem! Até aqui fizemos uma viagem incrível e passamos pelos 20 maiores jogos de todos os tempos, segundo a Metacritic.

Lembrando que esse é um trabalho de pesquisa e que os textos aqui disponibilizados são, em sua maioria, retirados da internet, de sites especializados e dos próprios *publishers* dos jogos.

Também, como já falei anteriormente, não concordo totalmente com a lista. Acredito que alguns jogos foram superestimados e também senti falta de alguns títulos, como God of War, por exemplo.

Agora cabe a você, caro leitor/gamer, criar sua própria lista. Discutir com amigos a relação a Metacrit e, é óbio, seguir jogando!

Qualquer coisa, me adiciona na PSN: macna_legends

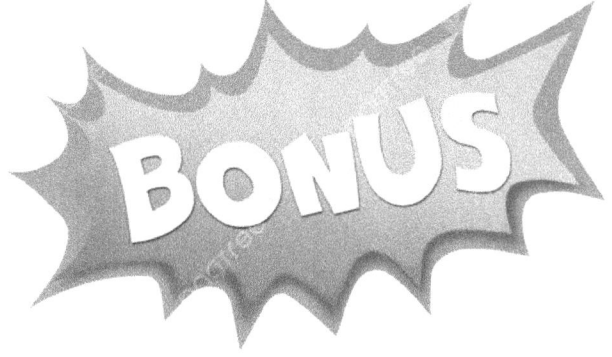

WORLD OF GOO™

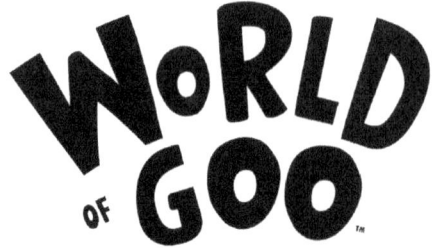

Existe uma fórmula para um jogo bom? Bem, não. Mas jogos bons geralmente (nem sempre) são aqueles que tentam ser originais, que pegam uma idéia nunca imaginada e utilizam num nível ambicioso, o que pode resultar tanto no fracasso quanto no sucesso de tal jogo. O caso é que World of Goo é um exemplo onde o resultado foi o sucesso.

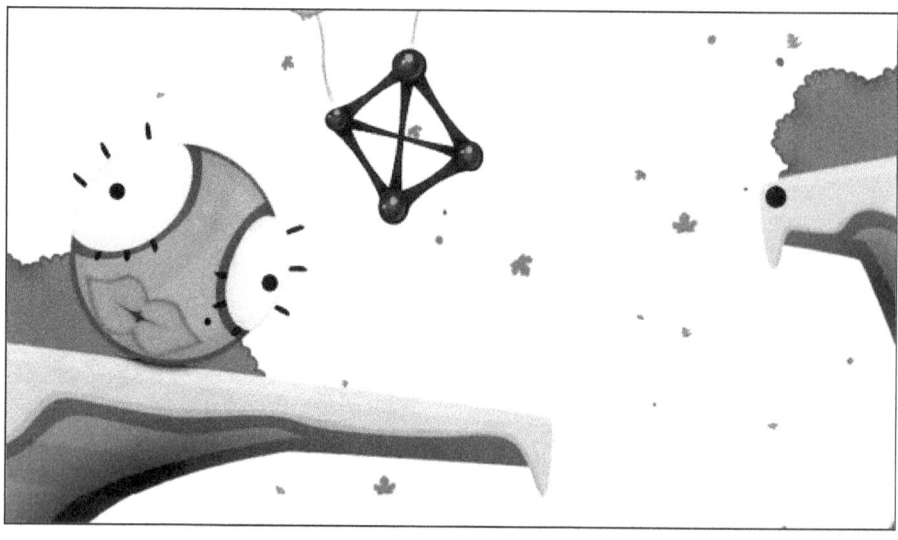

Se você já passou algum tempo jogando games em flash pela internet, então é provável que já tenha ouvido falar de World of Goo muito antes de ser lançado comercialmente. No começo, ele não passava de um joguinho pequeno sem nenhum objetivo. Não havia fases, níveis de dificuldade nem nada do tipo. Só as bolinhas pretas chamadas Goos, e a frase "construa uma torre o mais alta possível".

Mas o caso é que esse joguinho besta e sem sentido ficou tão popular que acabou sendo transformado no grande jogo que se apresenta aqui. World of Goo ainda usa o mesmo sistema de sua versão anterior, de fornecer bolinhas e esperar que você construa torres ou pontes com elas, mas agora dá objetivos e desafios, com diferentes tipos de Goo, cada um com sua habilidade própria.

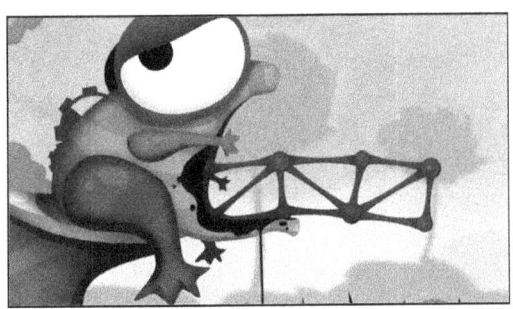
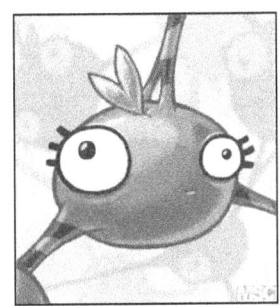

Existem várias fases, o suficiente para te manter jogando por um dia inteiro (supondo que você queira jogar tudo de uma vez). Mas algumas podem realmente apresentar um desafio, e para evitar a frustração, o jogo permite que você pule alguns níveis, para poder prosseguir com o jogo e voltar mais tarde para resolver aquele quebra-cabeça.

O que realmente surpreende no caso de World of Goo, no entanto, é como um jogo sobre bolinhas que constroem torres consegue passar uma sensação épica em alguns pontos. E não só pela imagem, mas também pela trilha sonora, que em alguns momentos é digna de um filme do Senhor dos Anéis ou Piratas do Caribe. Ninguém poderia imaginar que funcionaria aqui, mas é o que acontece.

Então, basicamente, World of Goo não é um jogo longo, mas a experiência que você tem nas poucas horas de duração é intensa e divertida o suficiente para fazer com que valha a pena.

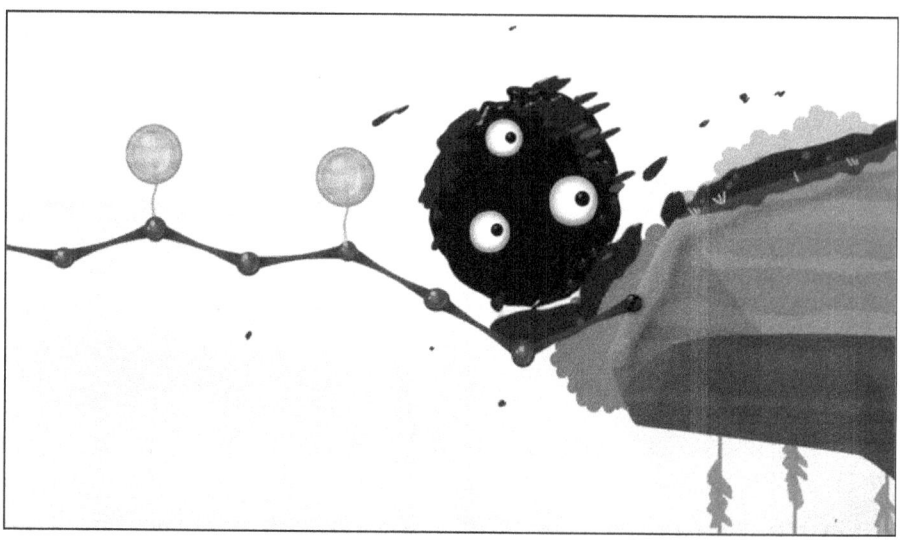

Mas além das fases comuns, o jogo também tem a "World of Goo Corporation", que é o lugar para onde vão todos os Goos extras coletados (por exemplo, se uma fase requer que você colete 14 Goos, e você coletar 16, esses 2 que estão sobrando vão parar aí). E adivinhe qual é o objetivo nesse lugar? Fazer exatamente o que era feito no World of Goo original: construir. Nada além de construir, o mais alto que puder Uma parte interessante é o fato de algumas nuvens com nomes de outros jogadores aparecerem pelo céu, mostrando a altura das torres de outros jogadores pelo mundo. Não tem lá muito sentido, mas é interessante para quem gosta de competir.

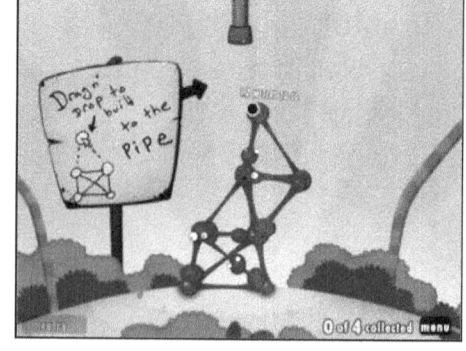

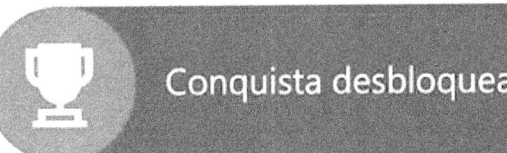

www.ingramcontent.com/pod-product-compliance
Lightning Source LLC
Chambersburg PA
CBHW070135230526
45472CB00004B/1533